今日からできる
障害者雇用

大胡田誠・関哉直人　編著

弘文堂

はじめに

　あなたはこれまで、「障害者」と呼ばれる人と知り合ったり、接したりしたことがありますか？
　「いいえ」、「記憶がない」という答えの人が多いと思います。
　しかし、「障害」と一言でいっても、種類も内容も度合いも、さまざまなものがあります。体の一部が動かないために車いすを使う人もいれば、耳がまったく聞こえない人、目の見えない人もいます。また、多少は歩けるけれど車いすを利用した方が楽だという人もいます。聴覚に障害のある人といっても、まったく聞こえない人から、高音などある一部の音が聞きづらい人などがいます。視覚に障害のある人といっても、光さえ感じない全盲の人から、ある一定の色が見えにくい人などがいます。
　さらに、周りからは見えにくい、難病や、心の病気を抱える人もいます。季節や湿度、昼夜によって症状に違いのある人もいます。一見、何も障害がないように見えても、発達障害と呼ばれる脳の機能に障害があるために、作業や思考にばらつきがある人もいます。最近では、若い人では20代から認知症を患う人がいるというニュースを耳にしたこともあるかもしれません。
　そして、障害をもつことになるきっかけはさまざまです。生まれながらに障害のある人もたくさんいますが、心の病気を抱える人はその発症年齢を問いません。障害のない人として生活してきた人でも、ある日突然、事故や病気で、障害を抱えることもあります。
　WHO（世界保健機関）の統計では、世界の約10％の人に何らかの障害があるといわれています。つまり、私たちの身の回りにも、障害を抱えながら生活している人がたくさんいるということです。

一方、日本の統計では、身体障害者は、393万7000人、知的障害者は74万1000人、精神障害者は320万1000人とされており、障害のある人は日本の人口の約6％といわれています。ただし、この数字は、国によって認定を受けた人が対象なので、潜在的にはもっと多くの人がいると考えられます。
　そして、その人それぞれに、家族や支援をしている人がいます。
　実は、障害のある人やその人にかかわる人は、たくさんいるのが現実です。あなたのそばにも、そのような人がいるかもしれません。

　障害のある人は、「障害」というだけで偏見や差別が生まれてしまい、長い間、働く機会だけでなく社会進出の機会にも恵まれてきませんでした。障害の有無にかかわらず、生きていく上で、働くことや生活の糧を得ることは不可欠です。そして、障害のある人が受ける社会的な不利益は社会の体制整備に問題がある、とする社会モデルの考え方からしても、障害のある人にとって、仕事を通じて社会にかかわるという人生の選択肢は必要なものです。
　障害者雇用促進法は、障害のある人の社会参加を進めるために作られました。企業に対して、一定の割合で障害のある人を雇うことを義務づけ、そのために必要な支援機器などの導入にあたって、国が補助を行うことなど定めています。2016年4月からは、改正障害者雇用促進法に基づき、障害のある人が働く上で必要な「合理的配慮」を提供することが企業の義務となります。

　そういった状況で、「うちの会社も障害者雇用を始めてみたい」、「障害者雇用をしなければならないのだが、何からやればいいのかわからない」という理由で、本書を手に取られた皆さんもいらっしゃるでしょう。

また、「障害のある人ってどんな人？」、「障害者雇用を進めるのは大変じゃない？」、「企業にとっては負担でしょ？」ということを考えている皆さんもいらっしゃるでしょう。

　心配はいりません。本書を読み進めていくと、障害者雇用は、特別なものでも怖いものでもないことがおわかりいただけるはずです。これまで身近に感じていなかった「障害のある人」が、ぐっと近くの存在に感じられるはずです。

　怖さ、不安感、負担感の原点は、知らないことです。障害のある人のことを知ってしまえば、また、知ろうとする気持ちがあれば、そうしたマイナスのイメージをなくすことができます。まずは、やってみようという思いさえあれば大丈夫です。

　本書には、障害者雇用にかかわっているさまざまな立場の専門家の知識と経験を、コンパクトにまとめました。すでに多くの障害のある人を雇用している企業の担当者、就労支援のスペシャリスト、障害のある人の人権問題をライフワークとして取り組んでいる弁護士が、何度も議論を重ね、企業で障害のある人を雇うためにはどのような情報が必要なのかを洗い出し、それについて実際の現場の感覚を踏まえた解説を行いました。

　そして、私たちが行き着いた結論は、障害者雇用は、適切な知識と思いがあれば、来年からではなく、明日からではなく、「今日から」行うことができるのだということです。

　第Ⅰ部では、初めて障害のある人を雇う企業の担当者が直面する疑問について、雇用の準備の段階から、障害のある従業員が企業の中で働き始め、職場に定着していくまでを、就労の流れに従ってQ&Aの形で解説していきます。

　第Ⅱ部では、複雑でなかなかわかりにくい障害者雇用に関する法

律や制度、さまざまな障害の特徴などを、重要なポイントに絞って紹介していきます。

　また、巻末には附録として、企業が障害者雇用を行うときにサポートをしてもらえる地域障害者職業センターと障害者就業・生活支援センターという2つの専門機関の一覧も載せています。

　障害のある人と一緒に働くきっかけとして、本書を是非ご活用いただければ幸いです。あなたの会社が障害者雇用を行うことで、企業にとっても、障害のない従業員にとっても、障害のある従業員にとっても、よりよい職場になることを願っています。

　　　2015年12月

　　　　　　　　　　　　　　　　　　　　　　　　　執筆者一同

『今日からできる障害者雇用』目 次

はじめに

第Ⅰ部　障害者雇用の流れ

第1章　障害者雇用を始めるにあたって ………………………… 12
- Q1　なぜ、障害のある人を雇う必要があるのですか？ ………… 13
- Q2　障害のある人と一緒に働くことで、職場にどのようなメリットがあるのですか？ ………… 15
- Q3　採用計画はどのように立てればよいですか？ ………… 19
- Q4　採用前に実習生を受け入れるという仕組みがあると聞きました。実習にあたって、何か気をつけることはありますか？ …… 21
- Q5　自社での直接雇用か特例子会社での雇用かの判断は、どのような視点ですればよいですか？ ………… 23
- Q6　障害のある人にどのような仕事を用意すればよいですか？ また、現在の業務をどのように割り振ればよいですか？ …… 27
- Q7　他社の障害者雇用制度の調査を行おうと考えています。どのようなポイントで、自社との比較を行えばよいですか？ ………… 34
- Q8　経営層の了解を取りつけるために、どのような準備をすればよいですか？ ………… 37

第2章　採用活動にあたって ………………………… 40
- Q1　それぞれの障害に合わせて、採用段階で気をつけることはありますか？ ………… 41
- Q2　採用時に障害の種類を限定して募集してもよいですか？ ………… 44

Q3	障害のある従業員を雇うことは何となく不安ですが、どのような雇用形態で採用すればよいですか？ 46
Q4	障害のある従業員について、他の障害のない従業員とは別の給与体系を設けてもよいですか？ 48
Q5	採用募集を行うには、どのような連携先や媒体を活用すればよいですか？ 50
Q6	障害者雇用のサポートをしてくれる機関には、どのようなものがありますか？ 52
Q7	障害者雇用をサポートしてくれる人がいれば安心です。そのような人を、どのように活用すればよいですか？ 55

第3章　入社にあたって 57

Q1	障害のある従業員が入社することになりました。労働時間や休憩時間を設定する上で、とくに気をつけることはありますか？ 58
Q2	障害のある従業員が入社することになりました。休暇などの決め方は、障害のない従業員と変える必要はありますか？ 60
Q3	通勤について、企業は、障害のある従業員に何か特別な配慮をする必要はありますか？ 62
Q4	障害のある従業員を雇う上で、施設や設備の改良、特別な道具や機器の用意をする必要はありますか？ 66
Q5	障害のある従業員を雇う上で、人的なサポート体制を整える必要はありますか？ 70
Q6	配属を決める上で、どのようなことに気をつければよいですか？ 72
Q7	配属予定先の同僚の理解を得るために、どのようなことをすればよいですか？ 74

Q8 仕事とは直接関係のない福利厚生について、どの程度まで配慮すればよいですか？ ……………………………………………… 76

Q9 新入社員の宿泊研修を毎年行っている社外の施設が、バリアフリーに対応していません。どのように対応すればよいですか？ …………………………………………………………………… 78

第4章　人事にあたって ……………………………………… 80

Q1 本人が得意といったので配属したのですが、管理職として見ていると、実際にはその仕事は合わないようです。本人の意向に反して配置転換してもよいですか？ …………………………… 81

Q2 専門職で採用した従業員が中途障害を抱えることになりました。本人の意向に沿わない専門職以外の部署に配置転換してもよいですか？ …………………………………………………………… 83

Q3 障害のある従業員の仕事の効率は、やはり他の障害のない従業員より低いのですが、これを勤務評価や給与に反映させてもよいですか？ …………………………………………………………… 85

Q4 障害のある従業員が、仕事に来られなくなってしまいました。休職にあたって、どの程度まで配慮すればよいですか？ …… 87

Q5 休職期間の満了日が近づいても、障害のある従業員が職場に来られそうにありません。就業規則に従って解雇してもよいですか？ …………………………………………………………………… 90

第5章　入社後の定着にあたって …………………………… 91

Q1 障害のある従業員への現場の理解が十分ではなく、何をしていけばよいか困っています。どのように現場の理解を深め、モチベーションを高めていけばよいですか？ ………………………… 92

- Q2 障害のある従業員のモチベーションは、どのように高めていけ
    ばよいですか？ ……………………………………………… 96
- Q3 障害のある従業員の仕事の効率が上がらず、本人も周囲も対応
    に悩んでいます。また、別の障害のある従業員は、周囲との人
    間関係に悩んでいます。このような問題は、どこに相談すれば
    よいですか？ ……………………………………………… 98
- Q4 明らかに体調が悪そうな障害のある従業員がいます。本人に状
    態を聞いても「大丈夫です」と答えますが、このような場合、
    産業医や本人の主治医とどのように連携して、障害のある従業
    員の健康に配慮すればよいですか？ ……………………… 100
- Q5 ある障害のある従業員は、家庭での心配事を職場でもよく口に
    します。家庭の問題が仕事にも影響していると思われる場合、
    どのように対応すればよいですか？ ……………………… 102
- Q6 ある障害のある従業員の家族から、連絡帳を活用してほしいと
    いわれています。連絡帳については、どのように扱っていけば
    よいですか？ ……………………………………………… 105
- Q7 障害のある従業員から、「同僚の従業員からいじめを受けてい
    る」という訴えがありました。どのように対応すればよいです
    か？ ………………………………………………………… 107
- Q8 障害のある従業員から、「同僚の障害のある従業員から一方的
    に好意を抱かれていて、仕事がしづらい」という訴えがありま
    した。どのように対応すればよいですか？ ……………… 109

第Ⅱ部　障害者雇用の背景

第6章　制度について　……………………………………………… 114
  1　障害者雇用促進法の成り立ちとは ……………………………… 115
  2　法定雇用率とは ……………………………………………………… 117
  3　改正障害者雇用促進法とは ……………………………………… 119
  4　改正障害者雇用促進法の対象となる障害者とは ……………… 121
  5　差別禁止、合理的配慮義務とは ………………………………… 124
  6　就労支援の仕組みとは …………………………………………… 128
  7　特例子会社とは …………………………………………………… 130

第7章　障害について　……………………………………………… 132
  1　障害とは ……………………………………………………………… 133
  2　身体障害（肢体不自由）とは …………………………………… 134
  3　身体障害（視覚障害）とは ……………………………………… 136
  4　身体障害（聴覚障害）とは ……………………………………… 140
  5　身体障害（内部障害）とは ……………………………………… 142
  6　知的障害とは ……………………………………………………… 144
  7　発達障害とは ……………………………………………………… 146
  8　精神障害とは ……………………………………………………… 149
  9　難病に由来する障害とは ………………………………………… 153
  10　高次脳機能障害とは …………………………………………… 155
  11　性同一性障害とは ……………………………………………… 157

附　録　　専門機関一覧 …………………………………………… 161
　　　　　全国の地域障害者職業センター ……………………… 162
　　　　　全国の障害者就業・生活支援センター（2015年10月13日現在）
　　　　　……………………………………………………………… 166

おわりに

第Ⅰ部

障害者雇用の流れ

第 1 章　障害者雇用を始めるにあたって

「障害者雇用に力を入れていきたいと思います！」
　西が、来年度の人事採用計画に関する会議で、熱気を込めた口調でいきなりそう発言した。
　30代半ば、これから社内でも役職に就いていく、出世コースを期待されている中堅どころが何を言い出すのか。
　私は、「ナンノハナシ!?」とちょっとおどけた視線を、南（同期入社ながら今や人事課長）に送った。南も、「何なんだろうね？」と肩をすくめる。

「2016年4月から、改正障害者雇用促進法が施行され……」、「障害者を雇用するのは、社会を構成する企業として当然の義務で……」。もっともらしい正論が、西の熱い口調で展開されている。
　確かに、障害者だって働いちゃいけないわけじゃない。けど、従業員100人ちょっとのうちの会社に、障害者の面倒まで見る余裕はない。そういうのは、もっと余裕のある大企業にやってもらうしかないでしょう。そんなふうに思って、「関係ない」と聞き流していた私の耳に、社長のとんでもない発言が飛び込んできた。
　「では、障害者雇用に取り組むということで、西君、東さんと一緒に進めてくれ。」
　どうして私が!?　我に返って周りに助けを求めようにも、すでに会議は承認時の恒例である全員拍手に移っている。南に至っては、「大抜擢だね」といわんばかりの笑顔でこちらに拍手を送ってくる……なんてことになってしまったのだろう。
　障害者雇用？　それ何？　何のために？　どうやるの？

Q1　なぜ、障害のある人を雇う必要があるのですか？

コンプライアンスとしての障害者雇用

　障害のある人には、長い間、差別・排除されてきた歴史があります。現在はさまざまな法律などが、障害のある人を社会に受け入れることを促していますが、障害のある人の社会進出は十分ではないのが現状です。

　障害の有無にかかわらず、すべての人が1人の個人として生活できる社会にするためには、社会が障害のある人を積極的に受け入れることや、企業が障害のある人を積極的に雇用することが非常に重要です。そのために、障害者雇用促進法は、企業や地方公共団体などが、障害のある人を雇用する義務を定めています。

　企業にとって、コンプライアンスは社会の一翼を担う上でも不可欠です。障害者雇用促進法が定める法定雇用率を下回らない割合で障害のある人を採用することは、企業の社会的責任の1つを果たすことになります。

　また、障害者雇用は、企業の社会的なイメージを考える上でも重要です。多くの企業が、障害のある人も働きやすい職場環境を整え、法定雇用率を守って障害者雇用を推進している一方、それができていない企業があれば、企業としてのイメージにも影響します。

社会にはさまざまな人がいる

　障害のある人といっても、WHOの統計では10％、日本の統計では6％といわれるように、身近にいても不思議ではありません。

　私たちの暮らしは、多種多様な人によって構成されています。子ども、若者、高齢者、男性、女性、セクシュアル・マイノリティと呼ばれる人など、本当にさまざまです。

現在、日本は超高齢社会に向かっています。1980年代後半の65歳以上の高齢者人口は約10％でしたが、2014年には26％となり、75歳以上が13％といわれています。こうした高齢社会が進むとともに、高齢者の就業率も年々増え、高齢者が暮らしやすい制度や環境整備も進められています。30年ほど前には、こんなにたくさんの高齢者が働く社会など、考えられなかったのではないでしょうか。

　私たちはそれぞれ、身長も、体の大きさも、性格も、癖も、余暇の使い方も、価値観も、育った環境も異なります。障害の有無、高齢か否かにかかわらず、人の暮らしを豊かにしていくには、人それぞれの個性を尊重し、足りないところを補い合い、能力を活かし合うことが大切です。高齢社会をきっかけとしたバリアフリーが、その子ども世代の暮らしやすさにもつながっているように、多様な人のニーズに応えることは、多くの人の暮らしやすさを実現することにつながるのです。

　障害のある人にも、障害のない人にも、誰にとっても使いやすいユニバーサルデザインは、多様な社会が産んだものともいえます。たとえば、電車内で行き先や停車駅などの情報が表示される電子案内板は、聴覚障害のある人にとってだけでなく、初めてその電車に乗る障害のない人にとっても、非常に便利です。

　障害のある人と働くことは、障害がない人や自分には障害はないと思っていた人にとって、新たな仕事のアイデアをもたらしてくれるはずです。障害の有無にかかわらず、1人ひとり、得意なことや癖やこだわりがあります。障害のある人を雇い、一緒に働くことで、障害のある人に向けられた配慮が、他の従業員の働きやすさにもつながるかもしれません。

[東奈央]

Q2 障害のある人と一緒に働くことで、職場にどのようなメリットがあるのですか？

経済的なメリット

　障害者雇用促進法では、従業員50人以上を抱える職場は、一般の民間企業は2.0％、国や地方公共団体などは2.3％の割合で障害のある人を雇うこととされています。法律の定める雇用率を維持できない企業は、障害のある人の人数に応じて1人につき月額5万円の納付金を納めなければならず、障害者雇用は、この納付金を免除されるというメリットがあります（なお、常勤の従業員数が101人以上200人以下の企業は、2020年3月31日までの間、1人あたりの納付金額が月額4万円に減額されます）。

　また、障害のある人を雇用すると、雇われている障害のある人の人数に応じて調整金ないし報奨金を受けられる場合があります。

　さらに、障害のある人を多数雇用している企業に対しては、税制が優遇される措置があります。

　一方、障害のある人を雇う際に、施設や設備を改善する必要や、職場環境への適応や仕事の習得のためのきめ細かい指導を行う必要など、企業側の経済的・人員的負担が大きい場合もあります。そうした場合に備えて、費用を補助してくれる助成金制度もあります。

さまざまな観点からのメリット

　障害のある人を雇うことは、CSR（企業の社会的責任）やダイバーシティを実現することにもなります（**第1章Q8参照**）。企業の社会的信用の確立にもつながりますし、ブランドイメージ戦略としても期待できます。

　さらに、社内でのメリットとしては、作業効率の向上があげられ

ます。

　障害のある人に適した仕事を切り出していくと、ワークシェアリングが進み、作業効率を上げることができます。仕事の切り出し（**第1章Q6参照**）ができれば、他の従業員は更に別の仕事を創り出すことができ、職場で相乗効果が期待できます。

　たとえば、知的障害のある人といっても、その内容も能力も異なり、文章を組み立てて論理的に説明することは難しくても、お金の計算は一通りできて1人で外出できる人もいます。芸術的センスが優れていたり、心が穏やかで周りを和ませる力が秀でていたり、そうした能力や性格は、障害のない人たちにはない長所かもしれません。それらが仕事の場面では、職場の環境が和みストレス軽減につながったり、新たな視点を提供してくれて企業活動を拡げるヒントをもたらしてくれたりする場合もあるでしょう。また、自閉症や発達障害のある人の中には、障害のない人が到底及ばないほどの記憶力や計算力をもつ人もいます。ある特定の事柄の処理能力やその精度に卓越した能力をもつ人もいます。障害のある人の能力を上手に活用すると、企業の成長にもつながる可能性があります。

社内の雰囲気向上やコミュニケーションの円滑化

　聴覚障害のある人に対するジェスチャーを交えた会話や、視覚障害のある人に対する丁寧な説明など、障害のある人に対する指示や説明では、丁寧なコミュニケーションが必要な場合もあります。そのことは、他の従業員同士との関係でも、細やかな意思疎通を行う社内風土を生み出す可能性があります。障害のない従業員にとっても、お互いの役割がより明確化され、働きやすい職場になることも考えられます。

　また、障害のある人に対して実施した「合理的配慮」（**第6章5参**

照）が、仲間同士の助け合いを生み、企業全体がお互いを尊重する風土になることもあります。たとえば、イラストを利用した業務手順の一覧を、知的障害のある人がわかりやすいように導入した場合、障害のない新入社員にとっても作業がわかりやすく、効率のアップにつながることも考えられます。

　こうして、障害のある人を理解し、必要な配慮を行うことによって、現在の個々の従業員にも配慮が必要であったことに気づく場合もあります。従業員は、家族構成も異なりますし、抱える悩みもその時々で違います。「職場が調整してくれたら、もう少し安心して働けるのに」と不満を抱いている人もいるでしょう。障害のある人のためと考えられていた「配慮」は、仕事をする上で、誰もがお互いを尊重することにもなるのです。

　さらに、障害のない人も、事故や病気で障害をもつことも考えられます。家族が障害をもつこともあるかもしれません。障害をもちながら働く人を身近で知っていることは、「障害のある人」ではなく「〇〇さん」という実際に一緒に働く人について考えることになるので、障害を受け入れるチャンスでもあります。さまざまな価値観や風通しのよい職場環境を実現することは、1人ひとりの幸せにもつながるでしょう。

障害のある人を知ること

　初めて障害のある人を雇う企業の方は、「一緒に働くのは大変では？」と心配されるかもしれません。不安が高じて、「何をするかわからない」、「怖い」と疑心暗鬼になることもあるかもしれません。

　しかし、障害のある人の雇用も、障害のない人の雇用の場面と大きく違うことはありません。障害も個性であり、よい点でも悪い点でもあります。障害のない人同士でも、「あの人はAの仕事が苦手

だから、代わりにBの仕事を」と仕事の担当を変えたり、「あの人は真面目にコツコツと作業をすることが得意」と評価したりするように、それぞれの個性や能力を活かし、足りない所は補い合って企業が動いていることと本質的には変わりません。

　障害のある人に限らず、その人の個性を知り、よいところを見つけて、合った職場に配属することは、企業の人事異動と大きな違いはないのです。

障害のある人に対する理解と配慮

　たとえば、知的障害のある人に対して、障害のない人と同じように難しい言葉で説明すると、業務上の指示の意味も伝わりません。難病のために朝の時間帯や季節の変化で体の負担が大きい人に、障害のない人と同じような時間帯での仕事を求めると、健康状態を悪化させることもあります。

　そのため、障害のある人が働く上では、周囲の同僚の理解が必要で、障害のある人が働きやすい環境を用意する配慮が求められます。障害の内容も人それぞれ異なることから、それぞれ求められる配慮も異なります。ただしこの配慮（**第7章参照**）も、ほとんどの場合、大きなコストがかかることもなく、新入社員をサポートするのと同様に、その人の特徴を踏まえながら、可能な範囲で実施できることが多いでしょう。

　　　　　　　　　　　　　　　　　　　　　　　　　　　［東奈央］

Q3　採用計画はどのように立てればよいですか？

採用人数はどのように決めるか

　これから障害者雇用を始める場合、何からやればよいかわからない企業もあるでしょう。基本は仕事が前提ですので、まず「仕事上必要な人数は何人か」ということから考えるとよいでしょう。
　また、障害者雇用の大きな指標となる法定雇用率を達成するという目標を設定し、現状の不足人数を算出した上で、その人数を一定の期間で採用していくといった考え方もあります。

採用する職場や業務内容はどのように決めるか

　仕事の内容や量を見極め、必要な人数を見積もりましょう。仕事をリストアップして、仕事を切り出し（**第1章Q6参照**）、振り分ける作業を行うと効率的です。採用人数が先に決まっている場合には、それに合わせて仕事を割り当てていくことも考えられます。
　障害のある人の場合、最初の時点では、障害のない人と同じように仕事をこなすことは、すぐには難しいかもしれません。その後の状況に応じて、仕事の内容や量を調整していくとよいでしょう。

採用方法

　具体的な採用人数と業務内容が決まった後は、いよいよ障害のある人の採用のステップです。その際、どのような障害の種類（身体障害、知的障害、精神障害など）の人を雇用したいかのイメージがあるとよいでしょう。
　採用段階では、まずは、求人票を作成し、無料のハローワークや有料の民間の人材紹介会社に提出します。就職希望者から申し込みがあった場合には、面接・採用に向けた段取りを組みます。面接の

みでは判断が難しい場合は、トライアル雇用制度を利用して、実習生として受け入れることも1つの方法です。トライアル雇用制度とは、障害のない人の紹介予定派遣と似た制度で、2～3か月の期間、有給での契約を結んだ上で、実際に働いてもらい、その仕事ぶりを評価して採用を決められるという仕組みです。トライアル雇用中に問題が発生した場合には、契約期間満了として雇用契約を更新しないこともあります。

さまざまな機関や制度を使いこなす

　採用計画を立てる上では、自社だけでなく、外部の専門機関や公的な支援制度を使うとよいでしょう。企業にとっても障害のある人にとっても、よりよい職場を生み出すことができます。

　とくに、ハローワークとの連携や、障害のある人の就労支援機関である障害者就業・生活支援センター（**第2章Q6参照**）とのつながりを作ることも重要です。障害者就業・生活支援センターから就職希望者を募ることもできますし、職場への定着支援の協力をしてくれることもあります。採用後も、就職支援を目的として、地域障害者職業センター（**第2章Q6参照**）からジョブコーチという障害者雇用の専門家を派遣してもらうことで、さまざまな相談をすることもできます。

　企業も障害のある人も安心して仕事をするには、就職のあっせんにかかわった障害者就業・生活支援センターや就労移行支援事業所などから、就職前の本人の経歴や特性を聞いておくとよりよいです。

　このように、障害者就業・生活支援センターなどの支援機関を採用計画の段階から活用することが、障害者雇用を成功させるためのポイントです。

［川地政明］

Q4 採用前に実習生を受け入れるという仕組みがあると聞きました。実習にあたって、何か気をつけることはありますか？

実習の進め方

　新卒の就職希望者を募集する場合には、地域にある特別支援学校の進路指導担当教諭の紹介を受けることができます。特別支援学校では、高等部2年次から1～2週間程度の企業実習を行っています。採用にまでに時間をかけられる場合には、高等部2年次や3年次に実習を受け入れ、卒業後の採用に結びつけることができます。

　初めて実習生を受け入れる場合、次の4つの点に留意して受け入れるとよいでしょう。

　1つ目は、障害の内容の確認です。障害者手帳の内容を確認するのはもちろんですが、本人が申告する情報を重視しましょう。また、定期的な通院の必要性の有無や薬の服用の有無など、働く上で配慮が必要な事項の確認も必須です。障害のある人といっても、個々人で状況はさまざまです。たとえば、知的障害と精神障害が両方あって、2つの障害者手帳をもっている人もいます。

　2つ目は、無理のない実習時間を設定することです。とくに、高等部の生徒の実習の場合、実習時間は必ずしもフルタイムである必要はありません。障害のある生徒本人や家族、特別支援学校の教員と話し合って決めましょう。

　3つ目は、企業として見るべき視点をもつことです。仕事に取り組む姿勢を見ることや、周りのメンバーとの協調性の度合いなどを確認することは、とくにチームでの仕事をするときには大切です。

　4つ目は、本人を取り巻く環境を知ることです。できれば、本人の暮らす地域、家庭、学校などでの状況も確認できるとよいです。

実習生の受け入れを通して、企業と外部の専門機関が情報共有することが、障害のある人本人にとってよりよい環境を生み出します。

実習生の受け入れ環境の整備

　実習生を受け入れる際に、どのような環境整備が必要でしょうか。ここでは、3つの点が重要です。

　1つ目は、受け入れる職場で障害のある人の教育係を担当する従業員を、あらかじめ決めておくことです。障害のある人本人の状態を適宜把握することで、体調不良やトラブルなどが起こった際に、社内の関連部署や社外の特別支援学校や障害者就業・生活支援センターなどの関係者とすぐに連携することができます。

　2つ目は、業務のマニュアル化です。障害のある人本人に仕事をどこまで任せるかということを明確にすることで、本人がどのような仕事をすればよいかがわかりやすくなると同時に、責任の範囲を決めることにもつながります。

　3つ目は、同じ職場の障害のない従業員に対して、障害のある人に対する理解を進めることです。必要に応じて研修の実施を検討することも必要です。たとえば、障害者就業・生活支援センターのスタッフなど、障害のある人についての専門知識をもつ人を講師に招いて、障害に関する特徴や接し方などを、座学のみならずグループワークも交えながら行うと、障害のない人も障害について体感することができます。

　このように準備をすることで、障害のある実習生が働きやすくなるとともに、受け入れる企業の心の準備もできてきます。

［川地政明］

Q5 自社での直接雇用か特例子会社での雇用かの判断は、どのような視点ですればよいですか?

障害者雇用の2つの形

　障害者雇用を行う場合、自社での直接雇用と特例子会社(**第6章7参照**)での雇用という2つの方向性があります。障害者雇用を始める段階で、2つのうちのどちらにするのかを決めなくてはなりません。ここではそれぞれについて、一般的なメリットとデメリットを見ていきます。

自社での直接雇用

　まずは、自社での直接雇用の場合です。主なメリットとデメリットとして、次の4つの視点で考えていきましょう。

　1つ目は、障害のある人にとっての視点です。メリットとしては、他の従業員の労働条件を踏まえた人事給与制度や福利厚生制度になることが多く、待遇がよくなりやすいということがあります。逆に、デメリットとしては、障害のない人の中で、1人で仕事を担当する場合に、疎外感や孤独感を感じてしまいストレスを抱えてしまう可能性があることです。とくに、特別支援学校や就労移行支援事業所(**第2章Q6参照**)など、障害のある人が集まる場での生活が長い人は、環境が一気に変わるため、ストレスが高まることがあります。

　2つ目は、どのような仕事を提供するかという視点です。メリットとしては2つあり、1つは、さまざまな種類の業務があるため、個々の障害に合わせた業務の提供がしやすいということがあります。もう1つは、仕事を依頼する場合や予算を振り分ける場合に、同一企業内でのやり取りになるため、発注書や見積書の作成・送付といった手間がかからず、柔軟で迅速な対応ができるということがあり

ます。逆に、デメリットとしては、従来は外部の企業に発注していた業務を自社の業務にするケースも多いため、そのような場合にもともとの発注先企業とのトラブルが発生する可能性があるということがあります。

　3つ目は、人事管理の視点です。メリットとしては2つあり、1つは、社内にいる従業員が障害のある従業員に配慮しやすいということがあります。もう1つは、自社の障害のない従業員との交流がしやすいため、障害のある従業員に対する理解が得やすい環境が生まれやすいということがあります。逆に、デメリットとしては2つあり、1つは、労働条件の設定にあたって従来の基準を用いることが原則で、裁量が制限されやすいため、人件費などのコストがかかりやすいということがあります。もう1つは、障害のある従業員はあくまで社内の少数派になるため、「〇〇さん」ではなく「障害のある人」とひとまとめで考えられてしまいがちになり、障害のある従業員に何らかのトラブルがあった場合に、他の障害のある従業員を見る目が変わりやすいということがあります。

　4つ目は、企業経営の視点です。メリットとしては、障害者雇用そのものが、企業の業績に左右されて縮小するということは起こりにくいということがあります。逆に、デメリットとしては、障害者雇用そのものが、トップの方針転換により、左右されることがあるということがあります。

特例子会社での雇用

　次に、特例子会社での雇用の場合です。主なメリットとデメリットとして、自社での直接雇用の場合と同様に、4つの視点で見ていきましょう。

　1つ目は、障害のある人にとっての視点です。メリットとしては

2つあり、1つは、障害のある人同士での仕事が増えるため、疎外感・孤独感を感じにくいということがあります。もう1つは、障害があるという共通点を通じて、障害のある従業員がお互いに支え合う状況が期待できるということがあります。逆に、デメリットとしては、多くの場合、親会社との交流はないため、障害のない従業員との交流の機会が得にくいということがあります。

　2つ目は、どのような仕事を提供するかという視点です。メリットとしては、親会社からの業務を受注する企業が多く、基幹業務の部分で安定した経営が図れるということがあります。逆に、デメリットとしては2つあり、1つは、親会社の業績に左右されることが多いということがあります。もう1つは、業務が固定されやすいということがあります。

　3つ目は、人事管理という視点です。メリットとしては2つあり、1つは、障害のある人同士での仕事が増えるため、競争意識が生まれて、従業員同士の業務の向上に相乗効果が出やすいということがあります。もう1つは、親会社とは異なる子会社独自の人事給与制度を自由に設定できるため、正社員登用など、障害のある人の実情に合った人事給与制度が作りやすいということがあります。逆に、デメリットとしては、特例子会社を作る場合には、自社での直接雇用を行う場合に比べ、全体の予算に占める社会福祉士、精神保健福祉士などの専門職の人件費の負担割合が大きくなる傾向があるということがあります。

　4つ目は、企業経営という視点です。メリットとしては、親会社とは異なる子会社独自の人材育成方針を柔軟に取れるということがあります。逆に、デメリットとしては3つあり、第1に、民間企業として黒字経営を行う上で、親会社の影響が大きいため、営業努力にかかわらず売上確保に困難が伴うことがあるということがありま

す。第2に、親会社との間での経理事務が必要になるということがあります。第3に、貸借対照表や損益計算書の作成など、企業の基本的な事務が親会社とは別に発生するということがあります。

大切なのは障害の有無ではなく従業員が働きやすいか

　このように、自社での直接雇用も特例子会社での雇用も、それぞれメリットとデメリットがあり、人事部門や経営層が最終的に何を重視するかが、どちらを選ぶかのポイントとなります。企業の実情をもう一度よく見極めるとともに、障害のある従業員にとっても、障害のない従業員にとっても、働きやすい職場を作ることが重要です。

　ただ、業務の切り出しや定着支援など、障害者雇用のノウハウが社会的に蓄積されてきているので、特例子会社の設立に労力をかけるよりは、自社の中でいかに障害のある人が力を発揮する場所を作っていけるかということを考えた方が、効率的ともいえます。障害のある従業員と障害のない従業員が一緒に働くと、従業員間の交流が高まり、社内に活気をもたらしてくれることもあります。

[川地政明]

Q6 障害のある人にどのような仕事を用意すればよいですか? また、現在の業務をどのように割り振ればよいですか?

仕事の切り出し

　仕事の用意はどの企業でも大きな課題です。仕事がなければ、障害者雇用は持続しませんし、障害のある従業員の技術やモチベーションの向上も見込めません。

　まずは、どのような仕事が障害のある人に担当できるかを、社内で洗い出してみることが重要です。これを、仕事の切り出しと呼びます。たとえば、知的障害のある人や発達障害のある人を採用する場合、商品の組み立てのように工程が複雑ではなく持続的に行う作業、運搬作業、清掃業務、印刷・コピー作業、シュレッダー作業、郵便物の整理、備品の整理・補充などが考えられますが、もちろんこれに限るものではありません。

　ここで、障害のない従業員の方が効率的にできるので、わざわざ障害のある従業員に任せる必要はないという意見も出るでしょう。しかし、障害のある従業員がこれまで障害のない従業員が担ってきた仕事を行うことで、障害のない従業員が別の仕事に時間や能力を向けられます。業務の洗い出しは、多ければ多いほどよいです。

いろいろな経験をする

　一見、障害のある従業員にはできないと思いがちな仕事も、経験をすることと具体的な配慮を行うことで、できるようになることは少なくありません。

　また、いろいろな職場で一定期間仕事を経験することで、それぞれの職場で一定の仕事ができるようになることもあります。またそ

のような経験を通じて、それぞれの職場での障害のある従業員に対する理解が進み、企業全体に新たな配慮が生まれることもあります。

他社の仕事を請け負う

社内に切り出す仕事がどうしても見つからない場合、他社から受注できる仕事がないか、関係のある企業や地域の企業を訪問して営業することも考えられます。

障害者雇用の趣旨に賛同して協力してくれる企業は意外と存在し、他社からの業務委託をメインに障害者雇用を進めている企業もあります。障害者雇用をきっかけに、新規顧客の獲得や新規事業の立ち上げを行うことで、企業に新たな利益をもたらす可能性もあるのです。

他社を見学する

仕事の切り出しの方法は、企業によってさまざまです。障害者雇用を導入する段階に同業他社を見学することで、切り出しの方法を知ることは重要ですが、障害者雇用を進める中で担当する仕事がないという状態になった場合には、改めて、同業他社の現状や障害者雇用に成功しているといわれている企業の現状、あるいは、現在働いている障害のある従業員の障害の特性に近い人が働いている企業を見学することが、非常に効果的です。このようにして、自社の障害のある従業員に担当してもらう可能性のある仕事を具体的に見つけ、社内の現状に照らし合わせながら、新たに導入していきます。

障害によって異なる配慮を

身体障害のある従業員については、機器の整備や準備を行えば、能力面では障害のない従業員と変わらないため、スムーズに仕事に

入れることが多いです。業務内容よりも、業務をする上での合理的配慮をどのようにするのかが大切になります。たとえば、下肢の不自由な人の場合には、車いすで自由に行き来できるスロープの設置などが必要です。また、視覚障害のある人の場合には、音声読み上げソフトや拡大鏡を導入するといった配慮が必要です。

　知的障害のある従業員や発達障害のある従業員については、1つの仕事について、最初から最後まで一貫して担当することは、能力的に困難なことが多いです。たとえば、ある商品を組み立てるという仕事を考えてみても、そのすべての工程を覚えることは難しいことがほとんどです。ただ、組み立ての中の一部の簡単な工程を担当する仕事はできます。業務を細分化し、個々の業務の難易度を見極めることが大切になってきます。

　精神障害のある従業員については、比較的難易度の高い業務をこなすことができる場合もありますが、とくに業務の納期に余裕をもたせる配慮が必要です。本人の体調を考慮しつつ、仕事を考えましょう。

　このように、障害のない従業員であればOJTやOFF-JTなどの研修を通じて任せることのできる1人分の仕事の中から、障害のある人個々人の能力に合った仕事を考え、その仕事を障害のある従業員1人あたりの仕事として組み合わせることが、企業には必要です。

　仕事の切り出しでポイントとなるのは、障害のある従業員の能力の見極めです。障害のない従業員に担当させることとの線引きなど、できる仕事とできない仕事を明確にすることが大切です。

知的障害のある従業員や精神障害のある従業員に合う仕事の例
　知的障害のある従業員や精神障害のある従業員が担当しやすい仕事の例としては、次の図表1のようなものがあります。

図表1　知的障害のある従業員や精神障害のある従業員の
　　　　仕事例

現業業務	非現業業務	
	間接業務	サービス業務
組立作業補助 物流作業補助 （部品ピッキング） 作業に伴い 発生する 廃棄物の収集運搬 （ダンボール、 プラスティックなど） 日付印押印	人事総務事務 （給与明細発行、 書類並べ替え） 経理事務 （検収入力、経費入力、 領収書コピー） ホームページ作成 スタンプ押し 名刺作成 DM封入 文書のPDF化 （スキャニング） 高速コピー、製本	名刺印刷 清掃 （社内、社外） 花壇メンテナンス ランドリー 販促品のセット、発送 シュレッダー 事務用品補充、 コピー用紙補充

出典：筆者作成。

　これらの仕事に共通する傾向としては、比較的単純作業である点、障害のない従業員によるチェックによりミスを検証することができるという点があります。

　自社の1日の仕事を細かく見つめ直すことで、障害のある従業員に担当してもらえる仕事が見つかるはずです。仕事の切り出しは、自身や部署内の日々の仕事の見直しから始まります。

郵便物の集配業務の切り出しの例

　ここで、ある大企業の本社で導入した郵便物の集配業務の切り出しの例を紹介します。

　障害者雇用を行うまでは、70人の各部署の担当者が、郵便物を地下1階のメール室に持ち込み、送付先ごとにメールボックスに仕分けを行っていました。届いた郵便物については、メール室の担当者2人（障害のない従業員）が仕分けを行い、各部署の担当者が各自取りに来るということを行っていました。

図表2　障害者雇用を行う前の郵便物の流れ

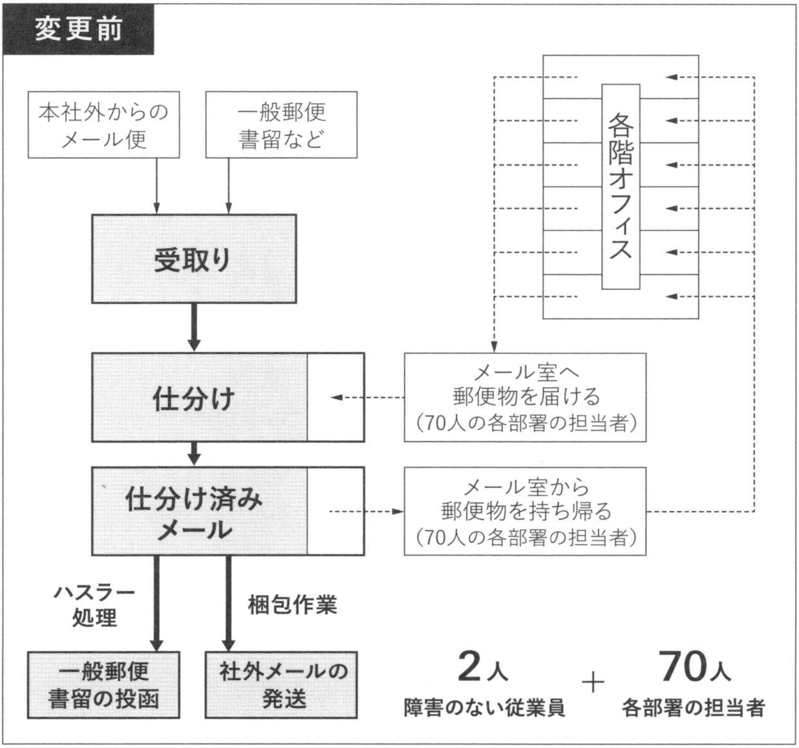

変更前

- 本社外からのメール便／一般郵便 書留など → 受取り → 仕分け ← メール室へ郵便物を届ける（70人の各部署の担当者）
- 仕分け済みメール ← メール室から郵便物を持ち帰る（70人の各部署の担当者）
- 各階オフィス
- ハスラー処理 → 一般郵便 書留の投函
- 梱包作業 → 社外メールの発送

2人 障害のない従業員 ＋ **70人** 各部署の担当者

出典：筆者作成。

第1章　障害者雇用を始めるにあたって

その後、6人の障害者雇用を行ったことで、知的障害のある従業員が各部署への集荷と配達を担当するようになり、70人の各部署の担当者の負担を減らすことができました。また、集荷した郵便物の仕分けや社外への発送作業も、知的障害のある従業員が行い、メール室の担当者2人分の人件費及び70人の担当者分の人件費よりも低コストで業務を行えるようになりました。

図表3　障害者雇用を行った後の郵便物の流れ

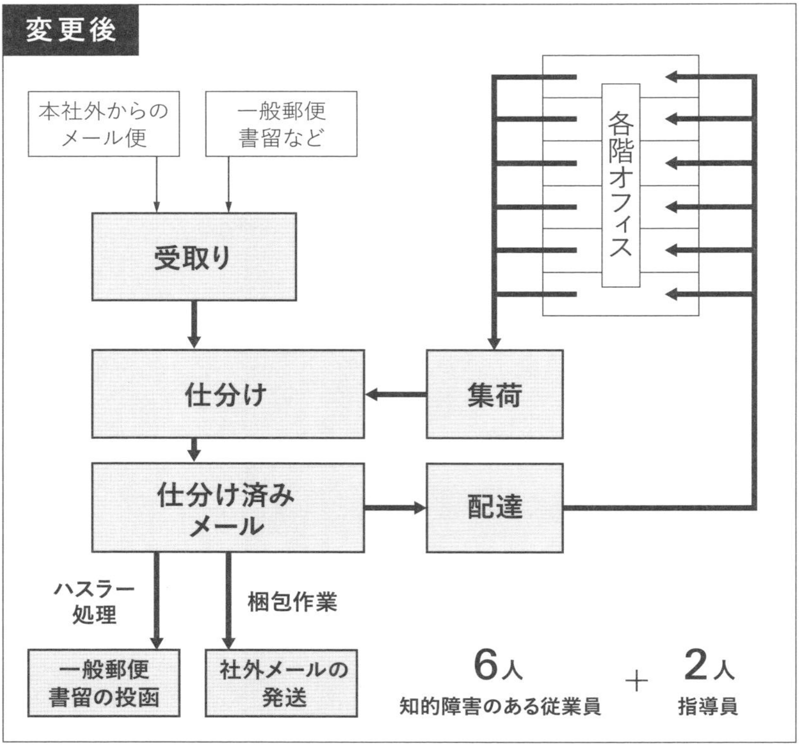

変更後

本社外からのメール便／一般郵便書留など
→ 受取り → 仕分け ← 集荷 ← 各階オフィス
→ 仕分け済みメール → 配達 → 各階オフィス
　　↓ハスラー処理　　↓梱包作業
　一般郵便書留の投函　　社外メールの発送

6人 知的障害のある従業員 ＋ 2人 指導員

出典：筆者作成。

障害者雇用を行うにあたっては、3つのポイントを踏まえました。

　1つ目は、仕事の切り出しです。障害のない従業員2人で行っていた業務を、知的障害のある従業員6人が担当するという方針を取りました。従来行っていた担当者2人と各部署の担当者70人分の仕事を、知的障害のある従業員6人分と見積もりました。

　2つ目は、仕事量の確保です。障害のない従業員2人が担当していたときはメール室内での業務に限られていたところを、各フロアへの配達・集配まで担当範囲を拡大させたことで、1日分の仕事として担当してもらうことができました。

　3つ目は、できる仕事とできない仕事の明確化です。メール室での業務のうち、書留や小切手などの複雑な郵便物は、2人の指導員が担当することとしました。また、6人の知的障害のある従業員が判断に困った郵便物がある場合は、指導員に判断してもらえるための箱を用意し、その中に入れることをメール室のルールの1つとしました。

　この企業では、こうした形で障害者雇用をスタートし、現在では全国の事業所に障害者雇用を拡げています。　　［川地政明・関哉直人］

Q7 他社の障害者雇用制度の調査を行おうと考えています。どのようなポイントで、自社との比較を行えばよいですか？

企業見学とは

　障害者雇用を行う際に、ハローワークなどから企業見学をすすめられることがあります。企業見学とは、すでに障害者雇用に取り組んでいる他社を訪問し、取り組みについて見学や質問を行うことです。最近では、自治体の事業で企業見学会を行うところも増えてきました。自治体による企業見学会とは、障害者雇用に理解がある企業の協力を得て、見学の募集や案内をしてくれる事業です。

　他社の障害者雇用の状況を調べる際には、同業他社や同様の規模の企業だけでなく、できる限りさまざまな企業を、次の11項目を踏まえて、見学、比較するとよいでしょう。

他社を調べる11のポイント

　1番目は、障害者雇用の目的です。法定雇用率の達成状況だけではなく、企業の基幹事業への貢献度合いや、障害のある人を人材としてどのように活用しようとするスタンスなのか、といったことを見ていきましょう。

　2番目は、1番目の障害者雇用の目的を達成するための体制です。社内での連携方法、人事管理体制、人事異動状況、障害のある人への仕事を割り振る際の伝え方、といったことを見ていきましょう。

　3番目は、障害者雇用に関する社内の取り組みを具体化したスケジュールを含めた工程表があるかどうかです。社内や社外に向けて、誰がどのような動きをするか、といったことを見ていきましょう。

　4番目は、社内での障害者雇用に関する情報発信の方法とタイミ

ングです。研修体制や経営層からのメッセージなど、具体的にいつどのようなことを行っているか、といったことを見ていきましょう。

5番目は、職域の考え方です。障害のある人の仕事が企業の基幹事業にどのように貢献しているか、全社的にどのような業務分担がなされているか、といったことを見ていきましょう。

6番目は、従業員の採用基準です。障害のある人の性格、業務スキル、障害に対する配慮の仕方、配属部署、障害のない従業員との人間関係の築き方、といったことを見ていきましょう。

7番目は、採用活動の方法です。具体的にどのような採用ルートを主に活用しているか、採用時のミスマッチをなくすためにどのようなことに気をつけているか、といったことを見ていきましょう。

8番目は、採用後の給与などの待遇です。具体的な金額や雇用形態、またそれらのことをどのように就業規則で定めているか、といったことを見ていきましょう。

9番目は、採用後の研修体制や評価方法です。OJT、OFF-JTでどのような研修を行っているのか、入社直後の研修や在社年数に応じた研修はどのような内容なのか、といったことを見ていきましょう。

10番目は、外部の専門機関の活用です。障害者雇用では、ハローワークや障害者就業・生活支援センターなどの専門機関が、障害のある人や企業からの相談を受け付けています。どのような機関を活用しているのか、具体的にどのようなケースでどこに相談をしているのか、といったことを見ていきましょう。

最後に、11番目は、現状困っていることや課題などの確認です。

企業見学のすすめ

実際に採用の準備から雇用までを経験した担当者の話から学べる

ことは、たくさんあります。事前に準備して取り組んだとしても、さまざまな課題が生じることがあります。準備を丁寧に行うことに無駄はありません。

　障害者雇用は、社会貢献ではなく、経済活動として成り立たなければなりません。その事前準備として情報収集を行い、自社の方針を練り上げていきます。そこでは、自社ですぐにできることと、採用や雇用の準備を行う中で今後やることとを、段階ごとに分けて考えることも大切です。

〔堀江美里〕

Q8 経営層の了解を取りつけるために、どのような準備をすればよいですか？

障害のある人が仕事ができることを証明する

　何より重要なのは、障害のある人が十分に企業活動に貢献できるということを、経営層に理解してもらうことです。

　それを証明するために、人事部や総務部といった障害者雇用を推進する部署で、知的障害のある実習生や精神障害のある実習生を、実際に1～2週間受け入れることは有効な方法です。その部署で、簡単な事務補助などを担当してもらえば、周囲がその仕事の状況を見る機会が得られます。このとき、実習生は1名ではなく、時期をずらして複数名を受け入れることで、障害のある人に共通する雰囲気を知ることができるでしょう。

　もし、受け入れる実習生に心当たりがない場合には、最寄りの障害者就業・生活支援センターに相談しましょう。また、2～3か月の期間のトライアル雇用制度（**第1章Q3参照**）もありますので、ハローワークに相談するのも1つです。

他社へのヒアリングを行う

　これと同時に、他社では具体的にどのような障害者雇用を行っているのかを、自社での直接雇用の場合も特例子会社の場合も、調査することが重要です。ヒアリングする他社は、業界の内外を問わず幅広い観点から見られるように、最低でも4～5社行うと傾向が見えてきます。ヒアリングを行う際のポイントは、**第1章Q7**の11項目の通りです。

障害者雇用のコスト面でのメリット

　障害のある人を雇用して業務を担当してもらった場合、人件費に見合った仕事ができるかという試算も必要です。

　1つの方法として、たとえば障害のある人1人を雇用すると考える際に、仮に最低賃金を維持することを前提に基本給と賞与の支給額を決めると、おおまかな年間の人件費が決まります。一方、その障害のある人に担当してもらおうと考えた仕事は、仮にこれまでは外部の企業に発注していたとすると、双方の費用を比較すれば、障害者雇用による経理上のメリットを判断できるというわけです。

　また、法定雇用率に達していない場合には、1人あたり年間60万円の納付金が発生します（**第6章2参照**）。この金額と、障害のある人を雇用したときの人件費とを比較してコスト計算を行うと、そのメリットが明らかになります。そうしたことを踏まえて、経営層へプレゼンテーションを行うと、より説得力が増します。

障害者雇用の社会貢献面でのメリット

　また、社会貢献にかかわる企業というイメージを打ち出すという目的から、次の3つのような視点で、経営層を説得することも重要です。

　1つ目は、コンプライアンス（法令遵守）に基づくということです。コンプライアンスとは、法律や社内規定などの基本的なルールに従って企業活動を行うという考え方で、企業の存立にかかわるものとして認識されるようになっています。障害者雇用の場面では、障害者雇用促進法という法律や、それに基づく障害者雇用率制度がある以上、企業としてそれを遵守する必要があります。

　2つ目は、CSRに基づくということです。CSRとは、企業活動が社会へ与える影響に責任をもち、あらゆる利害関係者との信頼関

係を築きながら協調し合うことをいいます。利害関係者からの期待やニーズに応えるともいえる、企業活動に不可欠な考え方です。2016年4月の障害者差別解消法の施行、2018年4月の法定雇用率の2％からの上昇及び精神障害のある人の雇用の義務化など、企業に求められる障害のある人への配慮と障害者雇用の水準は、1つ目のコンプライアンスとともに高まっています。

　3つ目は、ダイバーシティの推進に基づくということです。ダイバーシティとは、「多様性を認める」などという意味です。企業でのダイバーシティ推進は、性別、人種、年齢、性格、学歴、価値観などの多様な背景をもつ幅広い人材を企業が活用することで、生産性を高めて企業を成長させるだけでなく、個人の幸せにもつなげようという考え方です。有能な人材の採用、革新的なアイデアの誕生、社会の多様なニーズへの対応などに結びつくと考えられています。障害者雇用の有効性を社内に示すことができれば、ダイバーシティ推進の1つの大きなきっかけになります。

経営層が納得するメリットを伝える

　採用前は「とにかく不安」であった企業が、採用後に「思ったよりも不安を感じることはなかった」と話すケースが多くあります。職場で、障害のある従業員とかかわっている障害のない従業員からは、「思った以上に仕事ができる」という声も聞こえてきます。

　こうしたメリットを具体的に集約し、企業経営にかかわる理念をも踏まえて経営層の説得を図りましょう。障害者雇用の導入は、ボトムアップではなくトップダウンで決まることがほとんどです。そのため、経営層への提案が、障害者雇用の成否を決めるといっても過言ではありません。念には念を入れて、提案を作り上げましょう。

[川地政明]

第 2 章　採用活動にあたって

　さすが元営業職というだけあって、障害者雇用を始めると決まってからの西の行動は、素早かった。

　地域障害者職業センターというところのセミナーに参加して、障害者雇用の実例や、就職を希望している障害者の訓練や相談を行っている就労支援機関を紹介してもらい、すでに障害者雇用を始めている企業にアポを取って訪問し、助言を得ながら企業内で障害者雇用をした場合を想定して「仕事の切り出し」なるものを行った。

　「コピー用紙の補充業務とか、タオルの取り替えとか、ゴミの回収とか……いつも誰かがやってくれていますけど、確かにひとまとめにして誰かが管理してくれた方が効率的ですよね」なんて、他人事のように西がいっていたことに、私はちょっとむっとした。そういう仕事を、何となくの雰囲気で、女性従業員が通常業務に加えて負担していることを、西は本当に気がついていないのだろうか？ 資料のスキャンやプリントアウト、シュレッダー、郵便物の管理……雑務といわれ何となく負担させられている業務は、他にも山ほどある。

　それはともかく、仕事の切り出しで2人分ぐらいの仕事もでき、本格的に障害者の採用面接を行うことになった。わが社の目標は、ひとまず、法定雇用率を達成することとして、2～3人の障害者を採用することである。

　採用にあたっては、ハローワークに求人を出した上で、障害者就業・生活支援センターの担当者に、何人かの就職希望者を紹介してもらう形で進めることになった。

Q1 それぞれの障害に合わせて、採用段階で気をつけることはありますか？

受け入れ体制を整えるために障害のある人の意向を聴く

　障害のある人は、その障害を理由に生活上の困難を抱えていることが多くあります。

　たとえば、車いすを使う体の一部が動かない人ならば、その人の就労環境に応じたバリアフリー対策ができるかどうかを検討することが必要です。もし段差があっても、スロープを設置することで対応できる場合や、同僚の介助があれば段差を越えることができる場合などは、本人と相談しながら解決策を考えましょう。

　障害のない人もそれぞれの生い立ちや生活歴による大きな影響を受けていますが、障害のある人は、障害により強いトラウマを抱えていることもあります。過去にひどい罵声を浴びたことがあり、大きな声を出されることが極端に苦手な知的障害のある人や精神障害のある人もいます。そうした生活上の苦痛が、仕事によって悪化してしまうのでは、従業員も企業も不幸です。同僚の理解が深まり、互いに心地よい環境で仕事ができるようにするためにも、どのような配慮が必要か、困っていることはないかなど、採用段階から本人に丁寧に確認しておくことが重要です。

具体的な受け入れ体制とは

　障害者雇用をする際に、採用段階で気をつけるべきこととしては、次のようなことがあげられます。採用面接でもこれらの点に気をつけて、確認しておくとよいでしょう。5つの障害の種類ごとに見ていきます。

　1つ目は、身体障害のある人の場合です。車いすを使っている人

を考えても、多少歩ける人もいれば、まったく歩けない人もいます。車いすの種類もさまざまで、電動車いすを使う人もいれば、手動車いすを使う人もいますが、共通していえることは、職場環境をバリアフリー化する必要があるということです。具体的には、エレベーターが設置されているか、ドアや扉は車いすで出入りできるだけの幅があるか（おおむね90cm以上が必要といわれています）、机の高さは車いすに対応しているか、トイレは車いすで使えるか、洗面台の高さはどうか、など、車いす利用者の立場で考えた職場環境の整備が求められます。

　また、手や指に障害がある人の場合は、パソコンやタブレット端末が本人に対応しているか、どのような場合に介助が必要か、など、本人に確認しながら調整していきましょう。

　さらに、視覚障害のある人でも画面読み上げソフトを利用してパソコンを利用できる人、聴覚障害のある人でも読話やジェスチャーなどでコミュニケーションができる人もいます。その人の能力や特技、働く上で気をつけるべき点などを確認しておきましょう。

　2つ目は、知的障害のある人の場合です。難しい文章が理解できなかったり、漢字が読めなかったりすることがあります。そのため、わかりやすく短い言葉で伝えることが必要です。また、文章での表現では理解が難しくても、イラストや記号、カードを用いた説明ならば伝わる場合もあります。本人や家族、支援者などに相談して、どのようなコミュニケーション方法が有効かを確認しながら、本人がわかりやすい方法の導入を前提に、採用の調整をしていきましょう。さらに、コミュニケーションを円滑にするためにも、職場内でサポートする人を用意することを検討するのも1つの方法です。ジョブコーチの活用（**第3章Q5参照**）なども考えられます。

　3つ目は、精神障害のある人の場合です。ストレスや不安を感じ

やすく、障害のない人よりも精神面での健康状態が悪くなることがあります。不安で夜も眠れず、結果的に朝起きられないこともあります。そのため、出勤時間は本人と相談して調整することが必要です。また、期限が定められた仕事を無理に本人１人に任せることはストレスにつながります。ペアやグループで仕事を組み立て、本人の特性や様子を見ながら仕事量を調整すれば、効率がよくなることもあります。柔軟な対応を前提に採用を検討することが重要です。

　４つ目は、発達障害のある人の場合です。発達障害は内容や度合いに応じてそれぞれ特徴が異なります。とくに職場環境を整備しなくても集中して仕事ができる人もいれば、ある特定の機器があれば仕事ができる人もいます。会話でのコミュニケーションは苦手で理解が難しいけれど、文字や文章での理解は非常に得意という人もいます。本人が得意な作業と苦手な作業とを理解し、本人や支援者などから特性や必要な機器などを丁寧に確認して、それに対応した業務や配属をすることが望まれます。

　５つ目は、難病に由来する障害のある人の場合です。難病をもつ人は、病気に関する通院や服薬などの治療は必要なものの、働くことができる人も多くいます。ただ、病院の診療時間は平日の就業時間中であることがほとんどのため、時間短縮勤務や欠勤扱いにしない対応を取ることで、通院と勤務の両立を可能にできます。また、温度差や湿度によって体に不調が生じる難病をもつ人もいます。本人に確認しながら、健康状態を保ちつつ働ける職場環境を整備することが必要です。

［東奈央］

Q2 採用時に障害の種類を限定して募集してもよいですか？

限られた人のための採用？

「一般事務職、障害者募集（ただし、車いすを利用している者に限る。）」という求人があったとします。括弧書き部分の「車いすを利用している者に限る」という条件は、車いすを使っている人は応募ができるけど、それ以外の障害のある人、たとえば、聴覚障害、視覚障害、知的障害、精神障害のある人などは対象外という意味です。希望する仕事内容で障害者雇用の求人があったとしても、車いすを使っていない人は応募すらできません。

あなたが、就職活動や転職活動の際に、「大学院修了（見込み）の者に限る」、「30歳以下に限る」、「大学または大学院で経営学を専攻した者に限る」など、現在の自分ではどうしようもない理由で応募できなかったとしたら、どう感じるでしょうか。企業側には、そのような限定をする何かしらの理由があるのでしょう。しかし、それは果たして本当に必要な募集条件なのか、具体的な理由はあるのかということを、よく考えることが必要です。

そして、合理的な説明ができないような限定ならば、すべきではありません。あらゆる人に開かれた採用活動をすることが、企業のイメージアップにもつながります。

知らないことはもったいない

先ほどの「車いすを利用している者に限る」という求人は、どのような理由に基づくと考えられるでしょうか。車いすを使っている障害のある人は確かにたくさんいます。街角で見かけることも多いかもしれませんので、その意味では身近といえるのでしょう。しか

し、障害のある人は、当然ながら車いすを使っている人だけではありません。車いす利用者以外の障害のある人が身近にいないということは、その他の多くの障害のある人が歴史的に差別され、社会から排除されてきたことが、実は背景にあるのです。

先ほどの例では、一般事務という仕事内容で、聴覚障害のある人や視覚障害のある人、精神障害のある人などが応募できないのは疑問です。聴覚障害のある人とのやり取りは、手話はできなくても筆談やジェスチャーで可能なことがかなりあります。視覚障害のある人は、言語でのコミュニケーションはできますし、本人がパソコンに長けていて対応できる場合もあります。精神障害のある人も、体調がよければ障害のない人以上の実力を発揮する人もいます。

当初から採用募集の対象から外してしまうことは、人材を発掘するチャンスを失うことでもあり、もったいないです。歴史的には、法律の制定によって女性の社会進出が進み、それによるさまざまな企業改革が進んだことと同じように、まずは偏見を取り払い、チャンスを広げることが大切です。

開かれた採用募集を

こうした障害の種類の限定は、障害のある人がどんな人かを知らないことに原因があると考えられます。まずは、障害を知るところからスタートするためにも、障害の種類を限定しないで採用活動をするとよいでしょう。

募集の際は、通常は、職場の雰囲気に合う、売上をすぐにあげてくれそうなど、企業側で採用したい人物像があるでしょう。開かれた募集を行った上で、もともと採用したい人のイメージに近い人を選ぶことから始めるなど、お互いに理解し合いながら働くチャンスを提供することが望まれます。　　　　　　　　　　　　［東奈央］

Q3 障害のある従業員を雇うことは何となく不安ですが、どのような雇用形態で採用すればよいですか?

さまざまな働き方がある

　雇用形態は、障害のない人の雇用形態と同じように考えましょう。障害のない人の場合、正社員、契約社員、期間従業員、派遣社員、アルバイトなどの雇用形態がありますが、それらは障害のある人にもあてはまります。

　障害のある人の場合、障害者雇用促進法によって、企業の規模に応じて、雇用すべき従業員数に占める障害のある人の割合（法定雇用率）が決められ、その割合を最低限守ることが決められています（第6章2参照）。

　雇用率の対象となるのは、原則として、所定労働時間が週30時間以上の常用雇用労働者（期間の定めのない場合や、期間の定めがあっても契約が更新されるなど1年より長く雇用が見込まれる場合）です。短時間労働者（週に20時間以上30時間未満の労働者）については、1人を0.5人とカウントし、重度障害者の場合は1人を2人とカウントすることがあります（これを、「ダブルカウント」と呼びます）。

　所定労働時間数の条件をクリアすることを前提として、雇用率の対象となる雇用形態には制限はなく、正社員も派遣社員もアルバイトもすべて含まれます。

すぐに正社員にしなければならない?

　仕事は、その人の生活を支える大切なものです。仕事による収入は生活をしていくために不可欠ですし、それに伴う雇用保険や健康保険などの社会保険も、生きていく上で重要です。

　そのため、障害のない人と同じように、収入や地位はより安定し

た方が望ましいことはいうまでもありません。障害のある人が働くときにも、給料が安定し、社会保険制度などが充実している正社員として就労する方がよりよいことは確かです。できるだけ最初から、正社員として働ける道を用意することが理想です。

ただ一方で、最初から正社員として働くことは、企業にとっては大きな経済的負担になることもあります。また、周囲の同僚とのバランスや経験不足などから、障害のある人自身が、逆にプレッシャーや不安を感じてしまう場合もあります。そうなってしまうと、仕事が安定せず、継続的に雇用されることが難しくなってしまうこともあるでしょう。その点では、まずは契約社員としての雇用やトライアル雇用制度（**第1章Q3参照**）を利用しながら、正社員への登用を行うことも考えられます。

また、職場内で従業員同士がよい関係を築くことや、障害のある人への偏見を防ぎ同僚の理解を得るためにも、正社員登用にあたっては本人の仕事ぶりを点数化して評価するなど、客観的な指標を用いることも1つの方法です。こうしたことは、障害者雇用に限らず、障害のない人の雇用の場合も同様といえます。

ただ現実には、障害のある人については、本人は正社員登用を希望しているのに、いつまでも契約社員や期間従業員として働かざるを得ないケースが多く見られます。障害のある人1人ひとりの希望や仕事の状況を踏まえつつ、正社員になりたい人がなれるような制度づくりが大切なのは、障害のある人も障害のない人も同じです。

［東奈央］

Q4 障害のある従業員について、他の障害のない従業員とは別の給与体系を設けてもよいですか?

同じ仕事には、同じ給料を

　給与の額は、企業ごとの基準(職務遂行能力、職務の内容、責任の範囲、在籍期間など)によって決められています。障害があるからといって職務遂行能力が劣るとは限りませんので、障害のある人の給与も障害のない人と同様に決めていくことが大切です。そのため、同じ仕事をしているのならば、別の給与体系にする必要はありません。障害のある人のみを対象とする給与体系を作ると、障害者雇用促進法の不当な差別的取扱い(**第6章3参照**)になるとも考えられます。

どのように賃金を決めるか

　まず、障害のある人を雇用した場合にも、最低賃金を守らなければなりません。ただし、障害のある人とできることが異なる場合もあり、最低賃金を一律に適用すると、かえって障害のない人の雇用の機会を少なくするケースもあります。その場合には、最低賃金の減額が特別に認められることもあります。労働基準監督署にも相談した上で、給与を決めましょう。

　一方、一律の給与額を設定せずに本人の職務遂行能力や業績を反映する方が、本人のモチベーションの維持のためによい場合もあります。ただし、障害が重いなどの理由により、他の従業員と比べて明らかに作業効率などが落ちる場合には、画一的な基準を適用する相対評価ではなく、本人の能力を基準とする絶対評価を用いて査定を行うなどの一定の配慮が必要でしょう。

　また、知的障害のある人の場合、同じ配置先や職種でも、対応で

きる職務が限られていたり、他の従業員と比べて職務遂行能力が低かったり、習熟により長い時間が必要だったりすることがあります。知的障害のある人の場合は、さらに次の3つの点も考慮しながら、給与を決めていくとよいでしょう。

　1つ目は、同じ職種の従業員と比べて対応できる仕事が限られていたり、職務遂行能力が低かったりするなどの場合には、他の従業員とのバランスを考慮する、ということです。

　2つ目は、長期的に見れば職務遂行能力の向上が見込まれることを考慮する、ということです。

　3つ目は、生産性だけでなく、法定雇用率の達成や従業員のモチベーションの向上などの全体的な企業への貢献度合いを考慮する、ということです。

　これらのように、その時々の働きぶりに限らず、将来性や業務そのものに限らない企業での活躍や貢献を含めて評価することは、障害のない従業員の場合と同様です。　　　　　　　　［大胡田誠］

Q5 採用募集を行うには、どのような連携先や媒体を活用すればよいですか？

障害のある人独自の採用ルート

　採用募集を行うには、ハローワーク、民間の人材紹介会社、自社サイトといった媒体が考えられます。これらは、障害のない人の採用と同様の方法です。

　また、障害のある人独自の採用ルートがあります。それらは、地域障害者職業センター、障害者就業・生活支援センター、特別支援学校、障害者能力開発校、就労移行支援事業所、自治体が設立している就労支援センター、の主に6つです。これらの機関では、障害のある人の教育や訓練などを行っています。実際に採用する従業員の具体像や職務を検討する際に、見学や相談をするとよいでしょう。障害のある人独自の採用ルートの場合は、こうした機関が障害のある人の採用前・採用後を含めてサポートしてくれることがあるので、職場定着に向けても有効な方法といえます。

　いずれのルートでも、採用にあたっては、求人票をハローワークや民間の人材紹介会社などへ提出する必要があります。

募集の始め方

　企業の中で、採用したい人のイメージや担当してほしい仕事の具体化ができていれば、そうした情報や企業情報、待遇などをまとめてハローワークの障害者雇用担当者や先ほどの6つの機関に相談することが募集をスタートする第一歩です。ハローワークからのあっせんの場合は、たくさんの応募が見込まれることもあり、たくさんの人材に出会えるメリットがあります。ただ、採用したい人材や仕事のイメージが明確ならば、就労支援機関（**第2章Q6参照**）に相談

することで効率的なマッチングができるかもしれません。

募集時の配慮

　募集では、障害のある人の事情に沿って考える必要があります。

　身体障害のみで、理解や意思決定など、職業生活に必要な判断スキルには支障のない人もいます。この場合は、障害のない人の採用ルートと同じ媒体や選考方法で対応できます。

　一方、障害のある就職希望者の大多数を占めるのは、コミュニケーションなどに支援が必要な人です。たとえば、知的障害や精神障害があって、企業が発信する情報を上手く受け取れなかったり、正しく理解できなかったりする人です。企業としては、丁寧に配慮しなければなりませんし、障害のない人と同じルートで応募があった場合にも備えておくことが必要です。

　そのためにも、募集を始める前に、ミスマッチをなくす工夫が求められ、先ほどの6つの機関などを活用することが有効です。

より長く職場で活躍する人を採用するために

　現在の障害者雇用は、業務そのものに対する能力のみの評価によって採用される人が多い傾向にあります。その中には、採用面接などの短期間では判断できない要素をもつ人もいます。たとえば、自己制御がしにくい、自己の障害に対する理解が少ない、病気のコントロールが難しいなどの課題を抱えている、といった人です。そのため、安定して働けるかどうか、支援している人や機関がどのぐらいあるのかなども、企業は知っておく必要があります。採用の先にある、職場で安定して長く働いてもらうことを考えて、採用活動を行っていきましょう。

　　　　　　　　　　　　　　　　　　　　　　　　　［堀江美里］

Q6 障害者雇用のサポートをしてくれる機関には、どのようなものがありますか？

地域障害者職業センターとは

職業相談に関する支援・サービスを提供している機関で、各都道府県に設置されています。障害者職業カウンセラーなどを配置し、他の専門機関と連携しながら、就職や職場復帰を目指す障害のある人や、障害者雇用を検討している企業、実際に雇用している企業、就労支援機関に対して、情報提供などを行っています。

障害者就業・生活支援センターとは

就労支援や就労にかかわる日常生活上の支援を必要とする障害のある人に対し、相談や職場・家庭訪問などを実施している機関です。職業準備訓練、職場実習のあっせんなどの就職に向けた準備支援や、面接技法や職業紹介などの就職活動支援、実際に働き出した後の職場定着に向けた支援などを行います。さらに、企業に対しても、障害のある人それぞれの特性を踏まえた人事管理についてアドバイスするなど、専門機関との連絡調整の役割を担っています。

特別支援学校とは

障害のある子どもが通う公立の学校で、小学部、中学部、高等部に分かれています。卒業予定の生徒を採用する場合、本人の特性や普段の様子を、担任や進路指導担当教諭から聞いておくことはとても大切です。

障害者能力開発校とは

一般の公共職業能力開発施設では職業訓練を受けることが難しい

重度の障害のある人などに対して、障害の状態に応じて、就職に必要な知識、技術・技能を習得して職業的に自立し、生活の安定と地位向上を図ることを目的に訓練を実施している機関です。職業訓練の内容には、情報系、ビジネス系、医療事務系、グラフィックメディア系、CAD系、ものづくり系、OA実務系などのコースがあります。また、都道府県や市町村に設置される一般の職業能力開発校でも、精神障害のある人や発達障害のある人などを対象とした職業訓練コースが設置されていることもあります。

就労移行支援事業所とは

　障害福祉サービスについて定める障害者総合支援法の職業訓練事業の一環として設置されている機関です。一般企業などでの就労に必要な知識やマナーの習得を行います。就労・自立を希望する障害のある人で、企業などに雇用されることが可能と見込まれる人が、就労前のステップとして利用しています。原則として、上限2年間の利用期間で、就職のための知識や技能を習得する場所です。

就労継続支援事業所とは

　1つ前の就労移行支援事業所と名称が似ていますが、こちらは、企業などへの就労に結びつくことが困難な場合などに、就労の機会の提供や就労に必要な知識・能力の向上のために必要な訓練や支援を行う機関です。就労継続支援A型事業所では、雇用契約を結んだ上で、企業などでの就労を目指します。また、就労継続支援A型事業所での仕事が困難な場合には、就労継続支援B型事業所（従来、「作業所」とも呼ばれてきた場所です）で、雇用契約を結ばない形で、共同作業や生活訓練などを行います。

自治体が設立している就労支援センターとは

　地域障害者職業センターが各都道府県に設置されているのに対して、より身近な市区町村が設置している機関です。障害のある人の就労に関する相談、就職や職場復帰を目指すための支援、企業と障害のある人との間に立った職場環境の調整や職場への定着に向けた支援などを行っています。地域によっては、障害のある人に特化している機関だけでなく、若者、高齢者、女性などの就労支援とともに行っている機関もあります。

最初にどの機関に行けばよいか

　採用募集の段階では、まずは、障害のない人の求人などでもかかわりのある最寄りのハローワークや、全国的なつながりのある地域障害者職業センターに求人に関する相談をして、地域の障害のある人の就職事情を知ることから始めてもよいでしょう。

〔堀江美里・東奈央〕

Q7 障害者雇用をサポートしてくれる人がいれば安心です。そのような人を、どのように活用すればよいですか?

障害のある人の働き方をサポートしてくれる人

　障害のある人を雇えば障害者雇用はそれで終了ではありません。目的は安定的な雇用と障害のある人が安心できる職場環境の実現です。雇うことは第一歩にすぎず、障害のある人が働く上でのあらゆるサポートが必要です。では、どのような人が、どのようなサポートをすればよいでしょうか。

　サポート役としては、さまざまな立場の人が相互に連携し合うことが大切です。たとえば、職場で同じ目的のために一緒に働くという点では、職場の同僚の存在はとても重要です。同僚による指示や支援が円滑にできることが、作業量や作業効率に直結します。職場で親身になって相談に乗れる同僚は、障害のある人本人を直接フォローできるので、とても重要な存在です。職場によっては、企業内に相談員やジョブコーチとして障害のある人の就労を支える専門家を配置してもよいでしょう。

　また、とくに精神障害のある人や発達障害のある人などは、家庭や自宅で起こっている不安なことが仕事に影響してしまうことがあります。そこで、一緒に暮らす家族やグループホームの職員、障害福祉サービスを行っているサービス提供事業所、そういったサービスのコーディネーターである相談支援専門員などとの連携が必要になる場合もあります。精神障害のある人については、地域の保健所や保健福祉センターで医療や障害者手帳の相談を行っているので、それらの機関も活用できるでしょう。

　さらに、職場への定着支援という点では、ハローワーク、発達障

害者支援センター、保健福祉センター、地域障害者職業センター、障害者就業・生活支援センター、職業能力開発校などの機関による支援も重要です。

サポート内容はそれぞれの立場や環境による

　このように、障害のある人が職場で困難に直面した場合や、企業が障害者雇用の場面で問題を抱えた場合は、障害のある人の支援者や専門機関と連携しつつ、課題を解決していきましょう。ただし、情報収集や情報共有をする際には、本人のプライバシーに配慮した上で、本人や家族などの同意を得てから行いましょう。

　職場内外でどのようなサポートが実現できるかは、個々の障害のある人の環境や企業の規模・体制によっても異なりますが、サポートを充実させることは、障害のある従業員が安心してより長く勤められることを実現するために、非常に大切です。　　　　　［東奈央］

第3章　入社にあたって

　採用面接の結果、知的障害のある女性の大山さんと、精神障害のある男性の小谷さんを採用することになった。2人とも仕事に意欲的で、とくに、小谷さんは、以前は大企業で勤務していた経歴もあり、能力的にも期待できる。
　部署は、ひとまず人事課として、障害者雇用担当である私と西が当面の教育係ということになった。とはいえ、私たちも障害者雇用は初心者なので、地域障害者職業センターのジョブコーチ支援制度を利用して、ジョブコーチの人に週1回来社してもらい、仕事ができているか、体調はどうかなどの確認をする本人たちとの面談を行ってもらうことにした。今後は、ジョブコーチの助言を受けながら、社内での人的サポート体制も整えていく必要がある。
　最近知ったのだが、どうも西には、知的障害のある弟がいて、最近就職したらしい。「就職するまでは、僕が親が死んだ後も弟の面倒を見ていくという思いがありましたし、今でもその気持ちはあるんです。けれど、弟がしっかり働いて社会の中で生きているっていうことで、気持ちが軽くなったというか、僕も家族も、すごく明るく前向きになりました」という西の話を聞いていると、障害者雇用の促進は、今まで家族の中だけの問題だったことを、社会全体が考えていこうということなのだなと、何だか理解できたような気がした。
　とはいえ、わが社の障害者雇用は始まったばかりだ。採用して終わりならそんな簡単な話はない。何からすればいいだろうか。とりあえず、知的障害のある大山さんのサポートは、西に任せておけば大丈夫だろうか。話した感じもそんなに問題なさそうだし……変に気を回す方がかえって失礼だろうか。

Q1 障害のある従業員が入社することになりました。労働時間や休憩時間を設定する上で、とくに気をつけることはありますか？

まずは本人の障害の特徴をよく知ること

障害といってもさまざまですので、必ずしも労働時間や休憩時間の配慮が必要とは限りません。本人や支援者から本人の障害の特性をよく聞いて、休憩時間への配慮が必要かどうか、どのぐらいの配慮があれば無理をすることなく働けるかを考えます。一見、障害のない人には気づかないところで、時間的な配慮が必要な場合も考えられます。採用する段階で、日常業務の流れを一度シミュレーションしてみてください。思わぬところで配慮の必要性に気づくかもしれません。

労働時間に注意した方がよい障害の例

労働時間の長さに注意した方がよい人としてあげられるのは、精神障害の他、内部障害、難病などの病気に由来する障害のある人です。肢体不自由のある人の場合も、その原因が病気にある場合には、体力的に自信のない人もいます。フルタイム勤務はできるがそれ以上の残業は原則難しい、1日6時間程度の時間短縮勤務ならば大丈夫、などといった事情がそれぞれあります。

また、視覚障害のある人や車いすを使う人の場合は、満員電車での通勤にはどうしても危険が伴いがちです。無理に通勤時間帯のピークに出勤をすると、人が多すぎてホームから転落しそうになったり、物理的に車いすでは電車に乗ることもできなかったりして、通勤が難しい場合があります。そこで、勤務開始時間を考えながら時差通勤を認めることも1つの解決策です。

休憩時間に注意した方がよい障害の例

　労働時間の場合と同様に、精神障害のある人や病気に由来する障害のある人など、体力的な配慮を必要とする障害の場合、休憩時間への注意が必要です。また、知的障害のある人や発達障害のある人の場合も、集中力を長時間持続させるのが苦手な場合があります。本人の実力を最大限発揮できるようにするためにも、どのような特徴があるのか、本人あるいは支援者と一緒によく見極めることが大切です。

　一般的に、昼休みは正午から45分から60分の時間、また午後に15分程度の休憩時間が設定されていることが多いです。ただ、疲れやすい人の場合は、1回あたりの休憩時間を短めにして、休憩の回数を増やした方が少ない負担で働ける場合もあります。

個別に労働時間を変更することになったら

　障害のある人と日常業務をシミュレーションした結果、変則的な時間設定をした方がよいとなった場合、就業規則とは異なる労働条件を設定することになります。その場合、どのような労働条件であるかを文書にして、障害のある人に伝わるようにわかりやすく説明することが必要です。

［青木志帆］

Q2 障害のある従業員が入社することになりました。休暇などの決め方は、障害のない従業員と変える必要はありますか？

まずは本人の障害の特徴をよく知ること

　障害のある人といっても、休暇が必要かどうか、必要とした場合の頻度や期間は、さまざまです。まず、本人や支援者から障害の特性をよく聞いた上で、休暇への配慮が必要かどうか、どのぐらいの配慮があれば無理なく働けるかを考えます。

定期的な通院が必要な障害のある人の場合

　休暇について配慮が必要な人の例として、定期的に通院が必要な障害のある人がいます。たとえば、精神障害のある人、難病をもつ人、内部障害のある人などは、常時薬を飲んでいることによって、安定した健康状態を保っているケースが多くあります。もしも薬がなくなると、一転して急激に健康状態が悪化するため、通院をおろそかにすることは絶対にできません。

　また、障害や病気を負ってから間がない人の場合、本来の機能を回復するためやそれ以上の悪化を防ぐためのリハビリテーションに、定期的な通院の必要性が生まれる場合があります。この場合は、通院を取りやめても命にかかわることは少ないものの、おろそかにすると残された能力すらも失われてしまい、結果的に働き続けることができなくなることも十分に考えられます。

　このように、障害のある人の中には、体調を維持するために通院が不可欠な人がいます。そして、通院をすべて有給休暇でまかなうと、日数が不足して欠勤になってしまうこともあります。そこで、障害のある人については、有給休暇とは異なる仕組みの休暇制度を

考える必要があります。

　障害によって通院が必要な場合、それは障害のある人自身の努力ではどうすることもできません。そのため、欠勤を理由とする処分や解雇を規定している企業のルールを改めることが、合理的配慮（**第6章5参照**）として必要になってくるのです。

　障害によって休暇が必要な場合、企業がこれを認めないことは、違法となる可能性もあるので注意が必要です。

休暇に配慮が必要な人のためのルールを定める

　具体的な対応としては、就業規則で、障害のある人への合理的配慮として、休暇制度を設けることがよいでしょう。通院の頻度や、そのために必要な時間は障害によってさまざまです。障害によっては、午前中しか診療をしていない大きな病院でなければ診ることができないなど、病院側の都合で時間が固定されてしまう場合もあります。障害のある人から、病名の他に必要な治療や通院頻度など、社会生活を送る上での注意点を記載した医師の意見書などを提出してもらい、その通院の必要性を判断しましょう。

　障害のある人の立場としては、有給がベストですが、無給であっても、欠勤扱いにはしないというルールは最低限整えましょう。

　障害のある人は、障害のない人に比べて体調管理が難しく、休暇を取得できることがとくに重要です。障害のある人が必要以上に遠慮して無理をすることがないように、ルール面でも、同僚の意識づけの面でも、休暇を申請しやすい雰囲気づくりが大切です。

［青木志帆］

Q3 通勤について、企業は、障害のある従業員に何か特別な配慮をする必要はありますか？

必要な配慮は人によって違う

その人の障害の種類や内容、度合いによって、必要とされる配慮の内容は変わります。通勤に特別な配慮が必要な人もいれば、そうでない人もいます。障害のない従業員と同様に、同じ人であっても、体調の波や勤務を続けることでの慣れの具合によって、必要な配慮が変わることもあります。

企業としては、入社する段階で、障害のある従業員本人や支援者から本人の障害の特性をよく聞いて、どのような配慮が必要なのかをよく考えることが大切です。入社後も、本人から申し出があった場合はもちろん、そうでなくても、普段から本人に対して、通勤に関して支障となっている事情がないかを定期的に確認するなどして、障害のある人が通勤で困らないように対応しましょう。

ここからは、企業が行うとよい配慮の例を見ていきます。

時差通勤

通勤時間に関して、その人の障害に応じた配慮が必要な場合があります。

たとえば、電動車いすを使う人の場合、電動車いすでも乗れるノンステップバスなどのダイヤを考えると、定時での出勤が難しい場合もあります。これらのダイヤに合わせた時刻での出勤や退勤を認めることがよい場合もあるでしょう。また、通勤ラッシュ時を避ける必要がある場合として、発達障害や精神障害の影響で満員電車に乗ると不安やパニックを起こしてしまったり、難病や内部障害の影響で疲れやすく体に負担がかかったり、視覚障害の影響で人混みの

中で通勤することが危険だったりする状況などが考えられます。個々人の障害に合わせて、時差通勤を認めることも考えましょう。

　時差通勤を認めることで、障害のある従業員が仕事に集中できるようになれば、従業員にとっては力を存分に発揮できるので、企業にとっても大きな利益となります。

マイカー通勤

　従業員にマイカー通勤を認めていない企業もあります。しかし、身体障害のある人が利用する公共交通機関にバリアが多く移動に困難を強いられる場合や、難病のため長い時間立ち続けることができない場合など、電車やバスでの通勤は難しくても自動車での通勤ならできる場合もあります。そのような場合には、特別にマイカー通勤を認めてもよいでしょう。

　障害のある従業員にマイカー通勤を認める場合、企業の負担で職場の近くに従業員用の駐車場を借りることも必要です。

社宅の提供

　障害のある人は、職場への通勤に大きな困難を抱えていることがあります。とくに時差通勤やマイカー通勤も難しい場合などには、社宅借り上げ制度のように、企業が職場に近い場所に住居を借りて、障害のある人に貸与するなどして、通勤による負担を解消する方法があります。

在宅勤務

　デスクワークが中心となる場合など、業務内容によっては、必ずしも毎日職場に出勤しなければならないとするのではなく、在宅勤務をする日を設けてもよいでしょう。インターネット無料電話サー

ビスやチャットなどを使えば、職場とのやり取りだけでなく、企業としては雇用管理をすることもできます。

人的な配慮

通勤に人的なサポートが必要な場合もあります。たとえば、肢体不自由のある人で、自ら電動車いすを操作することができず、手動の車いすを介助者に押してもらう必要がある場合や、知的障害の影響で移動の際に支援者（ガイドヘルパー）が必要な場合、視覚障害のある人が慣れない場所を移動するために支援者（ガイドヘルパー）を必要とする場合、などです。

入社時から退職するまで、在職中ずっと支援者が必要な場合もあれば、そうでない場合もあります。たとえば、視覚障害のある人の場合、入社後1週間ぐらい、支援者と一緒に通勤することで、家から職場へ行くまでの間のどこに段差や障害物があるかを把握でき、その後は支援者なしでも通勤できるようになることがあります。そのような場合、働き始めから通勤に慣れるまでの期間に限って、支援者を活用することになります。

一部の市区町村では、障害者総合支援法に基づく移動支援を通勤のために使うことを認めていますが、そのような市区町村はわずかです。公的制度が使えない場合、企業が通勤時の支援者を用意することも、過重な負担にならない範囲での合理的配慮（**第6章5参照**）といえます。

助成金の利用

障害のある従業員の通勤のために企業がさまざまな配慮をしようとすると、多額の費用がかかることがあります。そのようなときに企業が利用できるのが、重度障害者等通勤対策助成金です。この助

成金は、住宅の賃借、住宅手当の支払、従業員用の駐車場の賃借、通勤をサポートする支援者の委嘱など、通勤を容易にするための対応を企業が行う場合に、その費用の一部を国が負担するものです。

助成の対象となるのは、重度の身体障害のある人や知的障害のある人、精神障害のある人、3・4級の下肢に障害のある人などです。フルタイムで働く人だけでなく、時間短縮勤務の人も対象となります。助成される金額は、たとえば住居の場合、世帯用と単身者用の2通りがあります。支給額は1か月の家賃の4分の3で、上限額は世帯用が10万円、単身者用が6万円です。

この助成金の申請に必要な書類などは、障害者雇用の支援を行っている独立行政法人の高齢・障害・求職者雇用支援機構のウェブサイトからダウンロードできます。

自力での単独通勤が可能な者に限る?

企業が障害のある人を採用しようとする場合に、「自力での単独通勤が可能な者に限る」といった条件をつける場合が見られます。

しかし、障害があるため、とくに何も配慮がなければ自力での単独通勤が難しい人でも、時差通勤やマイカー通勤を認めたり、支援者のサポートがあったりすれば、問題なく通勤でき、もてる力を発揮して仕事をしている人がたくさんいます。

最初から「自力での単独通勤が可能な者に限る」といったハードルを設定するのではなく、本人の障害の種類や内容、度合いに応じた通勤のための配慮を考えてみてはいかがでしょうか。

［長岡健太郎］

Q4　障害のある従業員を雇う上で、施設や設備の改良、特別な道具や機器の用意をする必要はありますか？

必要な配慮は人によって違う

　障害者雇用促進法では、企業は、障害のある人に対して、障害の特性に配慮しながら、仕事がスムーズにできるように施設の整備をしなければならないとしています。

　ただし、障害があるからといって、施設や設備の改良、特別な道具や機器が絶対に必要というわけではありません。たとえば、難病をもつ人や発達障害のある人、精神障害のある人などは、労働時間や休憩時間の取り方など、働き方に配慮が必要ではあっても、ハード面での配慮はいらない場合も多いでしょう。逆に、視覚障害のある人や聴覚障害のある人、肢体不自由のある人の場合には、施設や設備の改良、特別な道具や機器の利用といったハード面での配慮が有効な場面が多いでしょう。

　そこで、採用時の面接やオリエンテーションの中で、施設や設備を改良したり、特別な道具や機器を用意したりする必要があるかどうかを確認し、その人の事情に合わせて個別に対応を検討します。とくに、施設や設備の改良には完成に時間が必要なので、採用のできるだけ早い段階で本人の意向を聞くと、スムーズに対応できます。

　ここからは、障害の種類に応じた施設や設備の改良、特別な道具や機器の具体例を見ていきます。

視覚障害のある人が使いやすい施設や設備の改良

　視覚障害のある人が職場内で移動しやすいように、机などの配置を工夫したり、通路を広く取ったり、移動の支障となる大きい物を通路から他の場所へ移したりすることが考えられます。

また、エレベーターや階段の手すりなどに点字シールを貼り、点字シールを触れば自分が何階にいるかわかるようにすることです。さらに、備品の設置場所に点字シールを貼り、どの場所に何があるかをわかるようにすることもあります。弱視のある人の場合、点字シールではなく、蛍光の目印などをつけ、目立つようにするのがよいこともあります。

視覚障害のある人が使うと便利な道具や機器
　視覚障害のある人のための道具や機器としては、拡大読書器、画面拡大ソフト、画面読み上げソフト、OCR（光学的文字読み取りシステム）などがあります。詳しくは、**第7章3**で紹介しています。

肢体不自由のある人が使いやすい施設や設備の改良
　肢体不自由のある人のために、通路やトイレなどに手すりを設置したり、車いすでも移動しやすいようにスロープを設置するなどして建物や敷地内の段差をなくしたり、車いすが通りやすいように通路を広くしたりすることが考えられます。
　また、肢体不自由のある人が建物内を移動しやすいように、手で開けなければならないドアをなくして自動ドアにしたり、常にドアを開放しておいたりすることもあります。
　マイカー通勤を認めている場合に、たとえば車いすを使う人の負担を減らすために、建物の出入口に近い場所に駐車スペースを設置したり、その数を増やしたりすることもあります。

肢体不自由のある人が使うと便利な道具や機器
　手指の震えや麻痺がある場合などには、わずかな手の動きで操作できるトラックボール型マウスが有効な場合があります。

同様に、わずかな手の動きで書類がめくれるようにするための書見台があります。

また、上肢や下肢の可動域が狭い場合には、書類を置いたり、机の上での作業をしやすくしたりするために、その人に合わせて高さを調整する作業机は有効です。

下肢が不自由でも運転できるよう、手でアクセルやブレーキ操作ができるよう改造した社用車もあります。

聴覚障害のある人の場合

聴覚障害のある人が他の従業員とコミュニケーションを取れるようにするための道具としては、筆談具やコミュニケーションボードなどが考えられます。

また、社内外の人と連絡を取りやすくするためのパソコンやタブレット端末などは有効です。

精神障害のある人や難病をもつ人の場合

精神障害のある人が、体調が悪いときなどに休憩できるように、休憩室を設けることも有効です。

また、精神障害のある人や難病をもつ人が、上司や同僚にその日の体調を伝えやすくするため、連絡帳やコミュニケーションボードなどを用意することも考えられます。

難病をもつ人が職場で薬を飲みやすいよう、休憩室などの薬を服用するためのスペースを設けたり、薬を保管するための冷蔵庫を設置したりすることも有効です。

さらに、在宅勤務を可能とするため、テレビ電話会議システムを導入したり、映像通話用ソフトウェアを企業のパソコンにインストールしたりすることも検討するとよいでしょう。

発達障害のある人や知的障害のある人の場合

　発達障害のある人や知的障害のある人には、視覚的な指示が有効といわれているため、イラストを見て選択肢を本人が選べるようにした絵カードなどを準備することが有効です。

　同じ考え方から、知的障害のある人が作業工程を理解しやすくするために、作業マニュアルをイラスト化したり、わかりやすい言葉で書いたりすることも大切です。

小さな工夫から始める

　企業としては、規模や財務状況、必要となる費用や負担の度合いなどを踏まえて、障害のある人のために施設や設備の改良を行う必要があります。

　企業が施設や設備を改良しようとすると、多額の費用がかかることがあります。その場合に企業が利用できるのが、障害者作業施設設置等助成金です。これは、企業が施設や設備の改良を行った場合に、その費用の一部が国から助成されるというものです。助成金の申請先は、独立行政法人の高齢・障害・求職者雇用支援機構です。

　ただ、ここまでの具体例のように、必ずしも多額の費用がかかるものだけではなく、少しの工夫とアイデアで対応できるケースもたくさんあります。もちろん、ここで紹介したものの他にも、施設や設備の改良の方法や、特別な道具や機器はあります。企業も障害のある人の立場に立って、「こういうものがあれば便利かもしれない」と想像してみることや、それをもとに障害のある人とよく話し合い、どうすれば仕事をしやすくなるかを入社後も継続的に考えていくことが大切です。

［長岡健太郎］

Q5　障害のある従業員を雇う上で、人的なサポート体制を整える必要はありますか？

所属部署でのサポート体制

　障害のある人の職場での定着を図るためには、その人の希望や特性に合った職場環境の改善をすることや、所属部署での円滑な人間関係を形成することが必要です。

　まずは、配属先の管理職や教育を担当する従業員などが相談窓口となって、障害のある人の身近な相談相手になることが重要です。その人は、障害のある人の職場への適応状況を把握し、必要に応じて人間関係や職場環境の改善について、調整やアドバイスをすることが必要です。

人事担当部署の役割

　障害のある人を雇用した場合、その人の教育・指導などを担当するのは主に配属先です。人事担当者は、配属先の部署内で特定の従業員に負担が偏っていないか、相談を担当している人が困っていないかなどに気を配り、採用後しばらくの間は、配属先の管理職や教育を担当する従業員のサポートを行います。

　また、社内のサポート体制のみで対応できない場合は、専門機関に協力を求めるなど社外の専門家との連携を図ることも、人事担当者の重要な役割です。

ジョブコーチによる支援

　地域障害者職業センターに所属するジョブコーチ（配置型ジョブコーチ）や社会福祉法人などに所属するジョブコーチ（第1号職場適応援助者）が、各地で活躍しています。企業はこうしたジョブコーチ

によるサポートを受けることもできます。

　また、これらのジョブコーチ以外にも、企業が自らジョブコーチを雇用して社内に配置することもできます（第2号職場適応援助者）。

　ジョブコーチは、3か月程度の時間をかけて、最終的には社内の障害のある人に対するサポート体制を作ることを目標にして、活動しています。

職場介助者制度

　企業が重度障害者などを新しく雇用したり、継続雇用したりする場合、その人が働く上で必要なサポートなどを行う支援者を置くことが有効な場合が少なくありません。その際に、障害者介助等助成金という支援者の費用の一部に対する助成金制度もあります。たとえば、視覚障害のある人を雇う場合には、文書の読み上げや書類作成のサポートなどを行う介助者の費用に対する助成金であり、聴覚障害のある人を雇う場合には、手話通訳者を依頼することに対する助成金です。このような制度を積極的に活用することにより、企業はより少ない負担で、障害のある人に対する人的なサポート体制を整えることができます。　　　　　　　　　　　　　　［大胡田誠］

Q6 配属を決める上で、どのようなことに気をつければよいですか？

どこに配属するか

　障害のある人を雇用する場合、その人の障害の特性に応じて配属場所や担当業務の内容などを決めることが重要です。これは、新入社員や部署を異動してくる従業員への配慮と同様です。

　障害のある人の場合、たとえば、本社で採用し、支店に配属するようなケースでは、通勤経路、通勤手段、移動時間などに関して、障害のある人に無理がないかを、本人、支援者、医療関係者、学校関係者などと事前に話し合いを行うことが大切です。知的障害のある人の場合、その度合いによって、1人で電車やバスを乗り継ぐことができる人から、慣れ親しんだ経路以外は移動が難しい人まで、さまざまです。また、精神障害のある人の場合、長距離通勤をすることで、体調を悪化させてしまうようなこともあります。さらに、配属先が決まったら、配属先の上司や同僚に対して、事前に本人の障害の状況について理解を求め、企業として配慮をしていく義務があることを説明することが必要です（**第3章Q7参照**）。

どのような業務内容にするか

　長く働く上で、仕事のやりがいが大変重要だということは、障害のある人の場合も同じです。「障害者を雇ってやっている」、「仕事を与えてやっている」というスタンスで、その人の能力からすれば単純すぎる仕事を任せると、本人のモチベーションが下がり、雇用の継続にはつながりません。「その人の能力を活かして企業に貢献してもらう」というスタンスで、本人の障害の特性に合った仕事を割り当てることが、本人にとっても企業にとってもよい結果を生み

ます。たとえば、知的障害のある人の中には、複雑な工程を理解することは難しくても、長時間の単純作業の繰り返しが苦にならない人がいます。そのような人は、単純作業や反復作業に関する仕事が合っているということになります。しかしそれは、その人の長所であって、他の知的障害のある人や、精神障害のある人、身体障害のある人にあてはまるとは限りません。どのような仕事が本人に合っているのかは、本人、支援者、医療関係者、学校関係者などの意見を踏まえながら、企業内の人員配置の状況と調整して決めていくことになります。その人に合った仕事を社内から見つけるために、仕事の切り出しを行ってもよいでしょう（**第1章Q6参照**）。

どのぐらいの業務量にするか

　仕事のやりがいは、仕事の内容と、その量が大きな決め手です。障害があるからといって、極端に業務量を減らすと、本人にとっては「必要とされていない」、「役立たずと思われている」と受け止められてしまう場合があります。本人の仕事の効率を見ながら、勤務時間内に終えられる適度な業務量を徐々に探っていくのが重要です。

　個人にもよりますが、一般的に、精神障害のある人は知的障害のある人や身体障害のある人と違い、症状に波があります。症状が安定しているように見え、本人も「調子がよい」といっている場合でも、調子がよさそうだからと仕事を任せると、業務量の増加や締め切りがプレッシャーとなって、体調を崩すこともあります。症状に波があるということを念頭に置いた上で、本人の意見だけではなく、医療関係者の意見も聞きながら、期限に余裕のある仕事を、残業が必要ないぐらいの分量にして担当してもらうとよいでしょう。

［柳原由以］

Q7 配属予定先の同僚の理解を得るために、どのようなことをすればよいですか?

経営者が、全社的に障害者雇用の必要性を示す

　初めて障害のある人を受け入れる場合は、誰でも大きな不安を感じるものです。また、受け入れから職場に定着するまでの間、配属先の従業員にも新たな負担が生じることになります。

　そのため、障害者雇用について従業員の理解を得るためには、経営者が、企業には障害者雇用の義務があり社会的責任を求められているということや、障害者雇用を進めないことで企業の信頼を損なう可能性があるということなど（**第1章Q8参照**）、障害者雇用の意義や社会的要請の現状について、全社的に示すことが重要です。

具体的なイメージがもてるように情報提供を行う

　多くの障害のない人はこれまでの人生の中で、障害のある人と直接かかわった経験がないために、障害のある人とどのように人間関係を作ればよいのか、一緒に仕事ができるのかなど、心配になるでしょう。それと同時に、自分の負担が増えるのではないかなどとも思うでしょう。

　人事担当者は、障害のある人が配属される予定の部署の従業員に対して、実際に障害のある人が戦力となっている企業の事例を紹介するなどして、不安を和らげるようにしましょう。

　また、配属予定の障害のある人の障害の特性や必要な配慮などの情報を提供しておくことも必要です。ただ、事前に配属予定先の従業員にどこまで障害についての情報を伝えるかについては、本人との間できちんと確認してから行いましょう。障害のある人は、自分の知らないところで自分の障害についてオープンにされてしまうこ

とで、大きなショックを受けることもあります。障害に関する情報は、障害をもつに至った原因や病名、症状、治療内容など多岐にわたり、きわめて個人の根本にかかわるものですので、プライバシーに配慮した対応が求められます。

全社的にサポートする

　障害のある人の受け入れを打診した場合、「なぜ自分の部署なのか？」、「他の部署でもよいのではないか？」、「自分だけ負担が増える」といった意見が出ることもあります。

　人事部門としては、配属先だけに負担がかからないように、必要なサポートをしていく姿勢をできるだけ具体的に示しましょう。たとえば、配属先で障害のある人の教育を担当する従業員をフォローするために、その従業員がいつでも人事部門に相談できるよう、人事部門に障害のある人１人ひとりの担当者を置くなどです。また、配属される障害のある人の人件費を、配属先ではなく人事部門の予算で負担するなど、配属先の予算面での負担を軽減することも１つの方法です。　　　　　　　　　　　　　　　　　　　［大胡田誠］

Q8 仕事とは直接関係のない福利厚生について、どの程度まで配慮すればよいですか？

社員食堂や保養所などのバリアフリー

　企業の中には、オフィスや工場など仕事に直接関係する施設以外にも、社員食堂、社員寮、保養所などの福利厚生施設が設けられている場合があります。業種別の健康保険組合や、自治体や民間企業が運営する福利厚生サービスを通じて、そのような施設を利用していることもあるでしょう。

　障害のある人にも、こうした福利厚生施設を使えるように施設の改良などを行うことが望ましいです。障害のある人と障害のない人が同じ社員食堂で食事を取り、同じ保養所を使うことで、お互いを理解するきっかけにもなる可能性もあります。

　企業が、福利厚生施設のバリアフリー化を行う場合、申請すれば、障害者福祉施設設置等助成金を受けられる場合があります。この助成金は、企業が障害のある人も利用できるように配慮された保健施設、給食施設、教養文化施設などの福利厚生施設の設置や整備を行う場合に、その費用の一部を助成するものです。この助成金の申請に必要な書類などは、独立行政法人の高齢・障害・求職者雇用支援機構のウェブサイトからダウンロードできます。

　また、社員寮ではなく、障害のある人の通勤に配慮して、社宅などを提供するという場合もあるでしょう。こちらについては、**第3章Q3**をご覧ください。

社内行事への参加

　障害のある人を迎え入れる場合、社内の懇親会や社員旅行などに参加させるかどうかについて、悩むことがあるでしょう。原則的に

従業員全員を参加させている場合など、どのようにするのがよいかの判断が、とくに難しいと感じるかもしれません。

　しかし、障害のない従業員ととくに違う対応を取るべきではありません。ただ、中には、体調管理のために定時に退社することが必要な事情を抱えていたり、障害の特性のために多人数で過ごすことが苦手な人がいたりします。そのため、本人の気持ちや希望を丁寧に聞く必要があります。大切なのは、全員が参加しなくてはいけないという雰囲気を作らずに、参加することを障害のある人に限らずすべての従業員が選べるようにすることです。それにより、本人の心理的な負担は軽くなります。

企業年金や各種手当などの経済的な支援

　企業の中には、独自の企業年金制度を設けていたり、従業員に家族手当や住宅手当などで生活を支援する資金を支給していたりする場合もあります。これらの制度の利用や手当の支給について、障害のある従業員を障害のない従業員と区別して扱うことは、障害者雇用促進法の不当な差別的取扱いとなるため（**第6章5参照**）、許されません。障害のある従業員と障害のない従業員は企業の構成員として対等であり、仕事以外の福利厚生に関しても、障害のない従業員が利用できる制度は、障害のある従業員も同じように利用できるようにしなければなりません。

［大胡田誠］

Q9 新入社員の宿泊研修を毎年行っている社外の施設が、バリアフリーに対応していません。どのように対応すればよいですか?

本人が行けるかどうか

　新入社員の宿泊研修は、企業で仕事をしていくために必要な知識や心構えを身につけるとともに、新入社員同士の親睦を深めるための貴重な機会です。

　ですから、まずはバリアフリーに対応していなくても、その人の事情をよく確かめて、参加が可能かどうか検討することになるでしょう。たとえば、段差があっても、段差がわずかであれば、電動車いすや手動車いすに乗ったままでも乗り越えることができます。簡易なスロープを用意し、設置することで、車いすでも移動できるようになることもあります。また、車いすが電動ではなく手動の場合、段差や階段があっても、複数名で持ち上げて対応することも考えられます。

場所を変える

　もし、先ほどのような工夫やサポートで対応できない場合は、別の場所での宿泊研修の開催を考えることになります。特別な設備が研修に必要でなければ、その施設ではなく、他の施設でも開催することはできるでしょう。

研修の中身も大事

　研修の開催場所がバリアフリーに対応していることも大切ですが、研修の中身もバリアフリーなものにすることが必要です。

　視覚障害のある従業員がいる場合、パワーポイントやDVDなど、

映像を使った研修をすると、その従業員だけが映像の中身がわからないということになりかねません。映像の中身を口頭でも説明するなどの工夫が必要です。

　聴覚障害のある従業員がいる場合、その従業員も研修の中身が理解できるよう、企業の費用負担で手話通訳や要約筆記を用意することが必要になるでしょう。

　難病をもつ従業員や精神障害のある従業員がいる場合、長時間の研修は体や心に負担がかかることも多いので、こまめに休憩を取るなどの配慮が必要になるでしょう。

すべての従業員が参加できるように

　企業としては、すべての従業員に研修に参加してもらい、知識や心構えを身につけてもらうことが必要ですし、従業員にとっても、仕事に必要な知識を得たり、他の従業員との親睦を深めたりすることは大切です。そのため、企業の立場からも従業員の立場からも、宿泊研修にはすべての従業員が参加できる方がよいのです。障害のある人だけが宿泊研修に参加できないという事態は不公平であり、避けなければなりません。何より、新入社員の宿泊研修は、これから長く働く従業員に対して、企業の方向性や考え方を伝える重要なものです。障害のある同僚とどのように働いていくかということを考える場としても、新入社員の宿泊研修を活用できると、より有意義になるでしょう。

［長岡健太郎］

第 4 章　人事にあたって

　西が頭を抱えている。精神障害のある小谷さんが、ここ2週間ほど会社に来られなくなっているのだ。
　40代の働き盛り、しかも元は大企業のエリートサラリーマンだった人が、コピー機の用紙補充やごみの回収をメインでやっていたら、会社に来たくなくなるのもわからなくはないような気がするが……西にはあまりその認識はないらしい。
　もう少し、経験と能力に合った仕事を任せた方がよかったのではないか、と私が提案すると、西は意外そうにこちらを見た。
「でも、やりがいのある仕事に責任はつきものですよ。責任のある仕事を任せて、体調悪くなったからできません、合理的配慮として休みますじゃ、会社が回らないですよね？」
　同意を求める西に対し、昔も感じたことのある怒りに近い感情がわいてきた。この会社は、いつもそうなのだ。成人男性1人分と同等の仕事ができなければ、責任のある仕事は任せられない。妊娠や出産、子育てによって、早退が増え夜勤が難しくなる女性社員には、雑務や事務的な仕事をお願いするしかない……そうやって、いつの間にか同期入社の私と人事課長になっている南との間には、埋めがたいキャリアの差ができてしまった。

「体調が悪くなることがあることを考慮した上で、サポート体制を整えるのが合理的配慮なんじゃないの？」
　自分でも思ってもみなかった言葉が口をついた。

Q1　本人が得意といったので配属したのですが、管理職として見ていると、実際にはその仕事は合わないようです。本人の意向に反して配置転換してもよいですか？

勤務地の変更を伴う場合

　総合職として業種を特定せずに採用した場合は、本人の意向と異なる配置転換であっても、基本的には問題ありません。

　ただ、引越が必要な配置転換については、業務上必要であっても、パワハラを訴えられたことに対する報復のように不当な動機が隠れている場合や従業員に過剰な負担を強いる場合は、配置転換が無効になります。身体障害や知的障害によって移動に困難を伴う場合や、精神障害によって長時間の移動が症状に影響する場合は、勤務地を変えること自体が障害に対する配慮がなく違法だとされる場合もあるので、注意が必要です。

業務を変える上で気をつけること

　同じ勤務地でも、障害があることへの配慮をせずに配置転換をすることは、合理的配慮を欠くとして問題になることがあります。

　たとえば、自閉症の傾向のある人は、決まったことやルーティンワークが乱されることに抵抗があることが多々あります。また、精神障害のある人は、事務作業をしている場合には問題がなくても、接客や取引先とのやり取り、またチームワークを必要とする業務など、人とのやり取りが苦手な人が少なくありません。さらに、高次脳機能障害のある人は、脳の損傷場所によってスキルに差があるため、これまでの本人の仕事ぶりに期待して配置転換をしたら、異動先の仕事はまったくできないといったことが起こる場合もあります。

このように、個々の障害によって配置転換後に思わぬ不適応が起こることがあります。一度不適応が起こると本人の体調が悪化し、出社できなくなったり、場合によっては適応障害になったりすることもあります。

　そこで、異動に向けたテスト期間を作り、異動先の業務ができるかを確認するとよいでしょう。もし、本人が「できない」という場合には、どこに問題があるのかを丁寧に見極めることが重要です。その上で、何らかの配慮を行うことでできるようになるのか、障害の特性上やむを得ずできないのかを判断していきます。

　このとき、支援者や医療関係者の意見も聞きましょう。「脳のこの部分が損傷を受けていると、こういった業務はこなせない」、「事務の仕事は問題がないが、対人的なやり取りはストレスが高い」といった客観的な情報を得ることができます。それにより、本人の長所と短所がはっきりし、障害のある従業員にとっても職場にとっても働きやすい状況になるでしょう。

〔柳原由以〕

Q2 専門職で採用した従業員が中途障害を抱えることになりました。本人の意向に沿わない専門職以外の部署に配置転換してもよいですか?

本人に丁寧に説明する

　職種を限定して専門職として採用した場合は、原則として従業員の同意がない限り、他職種への配置転換はできないとされています。そのため、企業はまずは、中途障害をもった従業員に、配置転換の必要性や合理性を説明し、配置転換を了解してもらうことが必要です。

専門職として働ける可能性を探る

　しかし、例外的に、配置転換をすることに強い合理性が認められ、従業員がこれを了承しないことが権利の濫用といえる場合には、従業員の了承がなくても配置転換が認められます。たとえば、中途障害が全盲の場合、自動車を運転する仕事など、障害の特性によって対応できない業務をそれまでに担当していたのであれば、配置転換はやむを得ないといえます。

　ただし、障害をもったことによってそれまでの業務に対応できなくなったかどうかについては、本人の意見なども踏まえた上で、客観的な判断が不可欠です。全盲の人はできないと思われることの多いパソコンを使う仕事も、現在では画面読み上げソフトなどの導入により、十分できるようになっています。企業の側が「全盲だからできないだろう」と一方的に判断するのではなく、配慮をすることで、これまでやっていた仕事を引き続きできるかどうかを、本人の意見や専門家の判断も踏まえて、客観的に判断することが必要です。

　これまで専門職として活躍してきた経験や実績、そして本人のや

る気を最大限尊重し、同じ仕事を続けられるような手立てを考えることは、今後の本人の仕事に対するモチベーションにつながります。仮にまったく同じ仕事では困難でも、できる限り近い業務への配置転換を打診すると、専門職としての実力を次の仕事でも活かせる道が開けるため、まったく別の業務に配属するよりも活躍が期待でき、企業にとってもメリットがあるといえます。　　　　　［柳原由以］

Q3 障害のある従業員の仕事の効率は、やはり他の障害のない従業員より低いのですが、これを勤務評価や給与に反映させてもよいですか？

同じ仕事には、同じ給料を

　業務の内容と給料の関係については、「同一労働・同一賃金」という原則があります。これは、同一の仕事をする従業員には、同一水準の賃金が支払われるべきというもので、ILO（国際労働機関）の憲章にもある基本的な人権の考え方です。この原則は、障害のある人にもあてはまるので、障害を理由に給与に差をつけることは許されません。

　では、障害のために、同じ仕事をする障害のない従業員より仕事の効率が低い場合、そのことを理由に給与を低くすることはできるでしょうか。

障害のある人が本当に働きやすい環境か

　まず、仕事の効率を判断する前に、障害のある人が働きやすい環境にあるか、必要な配慮がなされているかを確認しましょう。たとえば、机やパソコンなどが仕事に必要な場合、障害のある人にとってそれらが利用しやすい状態になっているでしょうか。もしそうでないことで、障害のある人が仕事をしにくい状況ならば、企業側が労働環境配慮義務を果たしていないことになります。また、知的障害のある人の場合、本人の理解度に合わせたわかりやすい説明をしているでしょうか。仮に、障害のない従業員が使うマニュアルを渡して十分な説明もせずに仕事を依頼し、それによって知的障害のある人が理解できずに仕事ができていないならば、必要な配慮が足りないといえます。

配慮を十分に行った上でも仕事ぶりが改善しない場合は、その理由を洗い出しましょう。その上で、現在の仕事ではなく、障害の特性に応じて、その人の能力や経験に合った仕事に配置転換することも検討しましょう。過去の裁判所の判断でも、障害のある人が特定の仕事をできない場合には、他の配置可能な仕事に就けることを検討しなければならないとされています。

　障害のある人の仕事の効率が低いことを給与や勤務成績に反映させるためには、その前提として、最低限、その仕事をこなすために必要な配慮がされているか、その仕事以外に、障害の特性を生かした仕事に異動することができないかを検討する必要があります。

［柳原由以］

Q4 障害のある従業員が、仕事に来られなくなってしまいました。休職にあたって、どの程度まで配慮すればよいですか?

医師などの専門家の見解を聞く

　ここでは、1つの例として、精神面の不調により職場に来られなくなった場合を考えていきます。ただし、精神面の不調といっても、不安障害、うつ病、妄想など、さまざまな症状があります。

　従業員が突然、職場に来られなくなった場合、放っておくことはできません。本人だけでなく、家族や介助者などの支援者がいる場合には支援者とも連絡を取り、本人の状況を確かめましょう。精神面の不調により体調を崩した人がその後復職するためには、本人の体調と職場の勤務状況とを医師に判断してもらい、企業が医師の意見も踏まえながら対応することが重要です。

　産業医がいる職場の場合には、産業医の受診を本人にすすめ、本人の同意のもとで病状などを企業も把握するようにします。医師は、本人の体調は把握できますが、職場環境や仕事の内容については把握できません。そのため、本人の休職の必要性や復職の可能性をより正確に判断してもらうには、医師に職場環境や仕事の内容を伝えた上で、本人を診察してもらいましょう。職場に産業医がいたとしても、本人に主治医がいる場合は、主治医とも連絡を取るように努めます。

　もし、職場に産業医がいない場合でも、本人に必要性を丁寧に説明して、企業の担当者が主治医と面談したり、本人を含めた三者で話し合ったりするとよいです。ただし、医師の協力を得るためには、本人のプライバシーに配慮し、本人があらかじめ同意していること

が必須です。医師と企業の担当者との面談を本人が拒むような場合には、企業の担当者が医師と面談を行いたい理由やそれによる本人のメリットを丁寧に説明した上で、本人に医師と相談するように伝えてもらいます。最近では、本人の治療の一環として、診察に企業の同僚や人事担当者の同席を認める医療機関も増えています。

「休んでほしい」という伝え方

　無理して働き続けて体調を悪化させてしまう事態は避けるべきです。本人に対しては、まずは体調を優先して休んでほしいことを伝えましょう。ただ、そのときの伝え方には十分注意が必要です。

　たとえば、本人を心配して、「気にせず休んでいいよ」、「ゆっくり休みな」とだけ伝えたことで、かえって本人が「必要とされていない」と感じてしまい、症状を悪化させることもあります。

　うつ病や適応障害で休職する人の多くは、休職前から体調を崩していて、遅刻や業務の遅延などの兆候がある場合もあります。そのため、仕事ができない自分が「会社や社会から必要とされていないのではないか」という不安を抱いていることがあります。そのような不安を抱えてしまう特性にも配慮して、「会社としては戻ってきてくれることを期待しているけど、まずは体調が一番だから治療を優先してほしい」、「焦って復職するのではなく、長く働いてもらえるように段階を踏んで治療をする方が会社としてもありがたい」と丁寧に伝えることが、本人の治療にもその後の復職にもよい影響をもたらします。

じっくり復職してもらう

　何より本人の体調・意思を第一に考えましょう。職場が復職を促しても、本人の体調が整っていなければ、病状を悪化させ、かえっ

て休職期間を長引かせてしまいます。本人から復職の希望が示された後に、産業医や主治医による診断書のもと、復職日を決定していきます。

　ただ、医師の診断書は、あくまで出社できる状態に関する指標であり、元通りの仕事ができる状態になっていることを保証するものではありません。本人とも相談しながら、必要な配慮があるかを確認することが企業には求められます。復職後も通院を継続してもらい、最初はリハビリ期間という位置づけで徐々に仕事を以前の状況に戻していくことが、結果的に長く働くことにつながります。

　地域障害者職業センターでは、障害者職業カウンセラーによる復職支援プログラムが行われています。本人に適切な支援者がいない場合は、再び症状を悪化させないためにも、この機会に支援機関と本人とのつながりを作っておくことも大切です。

　また、職場の業務体制についても、体調不良を早く相談できる相手や相談窓口があるかどうか、障害のある人が利用しやすい雰囲気になっているかどうかなどを見直してみることも必要です。そうすることで、新たな休職者が出ることを防ぐことにもつながります。

[柳原由以]

Q5 休職期間の満了日が近づいても、障害のある従業員が職場に来られそうにありません。就業規則に従って解雇してもよいですか？

職場復帰に向けた配慮をせずに解雇をすることはできない

　障害のある従業員が症状の悪化などのために職場に来られなくなった場合、企業はこの従業員の復職に向け、適切な配慮をする必要があります（**第4章Q4参照**）。企業が復職に向けてとくに配慮せず、休職期間の満了をもって従業員を解雇した場合、そのような解雇は無効になる可能性があります。

どうしても職場に戻れなかったら

　では、医療機関と連携を取ったり復職支援プログラムを用意したりしても、職場に戻れない場合はどうすればよいでしょうか。

　まず、同じ職場での復職ではなく、本人の希望や症状を踏まえて、配置転換することを検討しましょう。解雇や退職勧奨などを考える前に、たとえば、残業時間が比較的少ない、本人と親しい従業員がいる、締切が厳しくない、などの現在の職場よりも本人が働きやすいと思われる職場の候補をあげて、本人に打診するのも1つです。

　それでも復職が困難だったり、職場そのものに行くことが難しかったりする場合、主治医の意見も聞きながら、退職を含めた方向性を考えざるを得ないことになります。その場合にも、一方的に退職を強要するのではなく、じっくり本人と話し合い、解雇や退職となる場合にも、本人に納得感をもってもらうことが重要です。不本意なまま企業を辞めざるを得ないと、障害のある人が自信を失ってしまい、次の人生のスタートができにくくなることが多いからです。

［柳原由以］

第5章　入社後の定着にあたって

　小谷さんが、先週から出社を再開した。主治医と面談したところ、仕事を始めたプレッシャーから不眠の症状が出て、徐々に体調が悪化していたらしい。私も西もまったく把握できていなかったので、今後は「生活リズム表」で体調をチェックしようと思う。

　小谷さんの話では、仕事の内容に不満があるわけではなかった。ただ、任せてもらえるならやりたいということだったので、余裕のあるときに、顧客情報の整理や会議の資料作りなどもお願いすることになった。

　小谷さんの業務の幅が増えたことで、もともと小谷さんが担っていた分の仕事の人手が不足することになった。もう1人、障害者を採用する準備を始めないといけない。小谷さんが、総務課の従業員ともやり取りをするようになり、総務課から「精神障害のある人」に対して不安の声が出ているので、こちらも対応しないといけない。この件は、ハローワークや障害者就業・生活支援センターに相談してもいいかもしれない。

　知的障害のある大山さんに対しても、従業員の中には心ないことをいう人がいるようで、西が対応に追われている。

　課題はまだまだ出てくるだろうけど、障害者雇用を始めてから、わが社はものがいいやすい雰囲気になったように感じる。小谷さんや大山さんを各従業員がそれぞれ見守る中で、従業員間のコミュニケーションも円滑になってきた気がする。

　給湯室のタオルを取り替える大山さんに、「ありがとう」と声をかける従業員を見ながら、私自身、2人を採用したことで、障害者雇用という仕事に充実感をもって働いているように思えてきた。

Q1 障害のある従業員への現場の理解が十分ではなく、何をしていけばよいか困っています。どのように現場の理解を深め、モチベーションを高めていけばよいですか?

何に関して理解が十分ではないのかを整理する

　現場の理解が十分ではないというとき、まずは、何に関して理解が十分ではないのかを明確にしましょう。

　障害者雇用そのものに対する理解が不十分なのか、あるいは、障害のある従業員本人に対する理解が不十分なのかによっても、対応は変わります。本人への理解が不十分な場合、その人の仕事の効率に対する理解なのか、あるいは、その人のコミュニケーションや対人関係に対する理解なのか、というように原因を突き詰めて考えていきます。

　現場に障害者雇用の経験があっても、そのときのよくない出来事が原因となって、かえって現場に不安を発生させているというケースもあります。障害者雇用の経験の有無にかかわらず、このような問題はしばしば起こります。

障害者雇用そのものに対する理解が不十分な場合

　障害者雇用自体への理解が十分ではないことがわかったら、企業の障害者雇用に対する基本的な考えを継続的に従業員に伝えることが必要です。障害者雇用を進めていくことの意義や、多様性のある従業員を雇用していくことで企業価値が高まるというメリットを伝えたり、障害者雇用を行うことで職場の雰囲気がよくなった事例を紹介したり、その事例の中で障害のない従業員が障害のある従業員にどのようにかかわっていたかを紹介したりすることが大切です。

また、従業員への研修として、外部から講師を呼んだり、障害者雇用を進めている他社への見学会を開催したりして、従業員自身が障害者雇用に触れる機会を提供することも効果的です。この他、ジョブコーチ（職場適応援助者）養成研修などの受講をすすめて、障害者雇用の社内専門家としての相談員を育てた上で、理解を広げるという方法も有効です。

障害のある従業員本人に対する理解が不十分な場合
　障害のある従業員本人に対して、理解がある人とそうではない人が、ほとんどの場合では両方いるでしょう。まず考える必要があることは、理解が十分ではない従業員が少数であっても、その従業員が障害のある従業員と接することがあれば、その人間関係が障害のある従業員のストレスになるということです。理解のある従業員を活用しながら、地道に理解を広げていきましょう。
　障害のある従業員本人の仕事の効率が低いことに対する理解が不十分な場合、その原因として、障害者雇用に対する企業の基本姿勢が共有されていないことが考えられます。給料を１つの例に考えても、障害のある従業員が周囲のサポートを受けた上で障害のない従業員と同じ水準の仕事を仕上げた結果に対して給与が同一水準なのか、仕事の効率にかかわらず給料が同一水準なのか、障害のある従業員の効率がよくないことを前提に給料が違うのか、といったように、さまざまな方針が考えられます。企業の方針が明確でないと、理解が不十分になる傾向が強いです。
　職場での理解が広がるには、何より本人が職場で仕事ができるようになることが一番の近道です。障害の特性を考慮し、障害のある従業員が仕事をしやすい環境を整えましょう。最初は、障害のある従業員が働きやすい配属先や勤務形態を、職場のルールに沿って採

用するとよいでしょう。

　また、仕事の切り出しを行い、これまで障害のない従業員が行っていた仕事を障害のある従業員が担当することで、障害のない従業員が別の適性のある仕事を行うことができる場合もあります。この場合、お互いにとってよい状況が生まれます。

　さらに、企業には障害のある従業員が仕事のしやすい環境を提供していくことが求められますが、仕事の効率についても同様です。障害のある従業員の効率を上げるための具体的な配慮や職場環境づくりが、障害のない従業員の人事評価につながるという仕組みを作ると、組織全体が協力的になることもあります。

　一方、障害のある従業員本人のコミュニケーションや対人関係に対する理解が不十分な場合、本人の了解を得た上で、障害の特性としてコミュニケーションが得意ではないといったことを、同僚に伝えるという方法もあります。また、その障害の特性に関する社内研修を行うこともできるでしょう。障害のある人を外部から講師として呼んだり、障害のある従業員自身が講師となって社内研修を行ったりしている企業もあります。

　人によっては、同僚との必要以上のコミュニケーションを望まない人もいます。ですが、多くの障害のある従業員は、同僚とのコミュニケーションを望んでいます。ただ、これまでの人生経験の中で、コミュニケーションを取ることに自信がもてなかったり、人との距離がうまく取れなかったりする人もいます。本人の障害の特性や性格を考えながら、少しずつコミュニケーションを深めましょう。

職場に不安が発生している場合
　これまでの障害者雇用でのよくない経験による不安が職場に存在する場合、障害のある人は仕事ができるということを体感するのが

効果的です。そのためには、障害のある人が短時間の職場体験をする機会を設けるなど、少しずつ段階を踏んでいきましょう。障害者雇用は特別で大変なことだという印象は、もともと障害のある人に理解のあった人に対しても不安や先入観を与えてしまうことがあります。そうした気持ちを取り除くとともに、障害のある人と同じ職場だと仕事がはかどるということを実感できるきっかけとして、職場体験を活用しましょう。

企業の現状を見直す

　障害者雇用が社会的に推進されている一方で、過去に障害者雇用がうまくいかなかったために、再度障害のある人を雇うことに消極的になる企業も増えています。不十分な職場の理解の中で障害者雇用を進めることは、障害のある従業員にとっても障害のない従業員にとってもよくない状況です。障害のある従業員が配属されている部署だけでなく、企業全体の状況を把握し直した上で、障害のある従業員も障害のない従業員も働きやすい職場環境を考えていきましょう。

［関哉直人・堀江美里］

Q2 障害のある従業員のモチベーションは、どのように高めていけばよいですか?

褒めること、評価すること

　褒められること、評価されることは、障害のあるなしにかかわらず、誰でもうれしいことです。とくに障害のある人は、生育歴の中で褒められたり評価されたりする機会が少ない人も多いため、褒める、評価するということがとても重要です。一方、特別支援学校などでとても評価されてきたのに、企業に入ったら急に評価されなくなったということで、モチベーションが下がる人もいます。企業とはそういうもの、厳しい企業社会を経験してこそ社会人、といった意見もあるかもしれませんが、障害のある従業員がいかに多くの社会的な困難を経験してきたかは、障害のない従業員には想像しきれないものです。まずはモチベーションを高めるためにも、褒めることを実践するのは大切です。

　ある企業では、評価することを具体化した表彰制度を導入しています。さまざまな面で企業に貢献したことを評価し、社長から直接表彰状を渡します。これは、その従業員の能力に対する表彰というより、その従業員のある側面での貢献や努力を評価することによる表彰であり、結果としてモチベーションの向上につながっています。表彰された自閉症のある従業員は、表彰の直後にはうれしそうな表情は見せなかったものの、表彰状を入れる額を買うために表彰状の寸法を丁寧に測っていたそうです。

キャリアアップ

　障害者雇用では、何年働いても、昇給・昇格がないという例も少なくありません。これは、障害のある従業員の能力に対応した措置

かもしれませんが、それでは本人のモチベーションが上がらないという点は、障害のない従業員と同じです。

　勤務内容や勤務態度、企業への貢献度合いなどを考慮して、定期的に昇給・昇格を行ったり正社員へ登用する仕組みを作ったりすることは、きわめて重要です。場合によっては、障害者雇用独自の昇給・昇格制度を作ることも考えられます。

　先ほどの企業では、各業務の現場で、特定の業務での経験などを評価して、リーダー、サブリーダーを任命し、作業の進捗管理や後輩への指導といったリーダー的役割を任せています。また、特定の業務で卓越した技能を習得できた従業員を対象に、社内独自の資格を認定する社内資格制度を導入し、障害のある従業員のモチベーションの向上に努めています。

　他にもモチベーションの低下の原因として、業務の固定化ということも考えられます。仕事の幅を少しずつ広げることで、本人の自信にもつながり、他の従業員や部署との人間関係も広がるでしょう。

1人の従業員と向き合う

　障害のある従業員の仕事に対する姿勢や働きぶりが気になり始めると、ついその従業員に厳しいことをいってしまったり、その従業員の前では笑顔が消えてしまったりします。そうなると、その従業員のモチベーションの低下が仕事の効率を低下させ、それに対する上司の対応がさらにモチベーションを低下させるという悪循環を生み出してしまいます。こうした状況では、本人にじっくり時間をかけて向き合い、話を聴き、モチベーション低下の理由を理解し、改善に向けて一緒に取り組み、褒める、評価するということを着実に行うのが大切です。

［関哉直人］

Q3 障害のある従業員の仕事の効率が上がらず、本人も周囲も対応に悩んでいます。また、別の障害のある従業員は、周囲との人間関係に悩んでいます。このような問題は、どこに相談すればよいですか？

公的な相談窓口

厚生労働省のウェブサイトでは、企業の相談先として、ハローワーク、地域障害者職業センター、障害者就業・生活支援センター、在宅就業支援団体、障害者職業能力開発校、発達障害者支援センター、難病相談・支援センター、厚生労働省委託事業による障害者雇用無料相談窓口などがあげられています。

このうち、障害者就業・生活支援センターは、就業支援担当者と生活支援担当者が一体となり、就業面ではハローワーク、地域障害者職業センター、特別支援学校などと連携を、生活面では福祉事務所、保健所、医療機関などと連携を行う中心的な役割を果たしています。人事管理についての総合的な相談であったり、どこに相談してよいかわからなかったりする場合には、まずは障害者就業・生活支援センターを利用するとよいでしょう。

各地域でどういった障害者就業・生活支援センターがあるかについては、本書の最後にある「**附録 専門機関一覧**」をご覧ください。なお、地域によっては、障害者就業・生活支援センターとは別に、就労支援センターや生活支援センターが存在するところもありますので、地元の市区町村の障害福祉課やハローワーク、福祉事務所などに問い合わせてみてください。

また、障害のある従業員の仕事の効率については、地域障害者職業センターに相談してみたり、人間関係については、厚生労働省委

託事業による障害者雇用無料相談窓口に相談してみたりするのもよいでしょう。

身近な相談窓口

　その他、障害のある従業員本人をよく知る人物として、学校の教員が考えられます。とくに、特別支援学校などは、卒業後も継続してかかわってくれるケースが多いので、子ども時代から本人の障害の特性を知っている教員と連絡を取ることは、非常に重要です。当時の担任や進路指導担当教諭の意見も聞いてみましょう。

　また、グループホームなどの福祉サービスを本人が利用している場合、サービス提供事業者と連絡を取ることで、最近の本人の様子や、本人が得意とすることや苦手とすることなどの情報交換ができる場合もあります。障害のある従業員は働くことと日常生活が切り離せないことが多いので、生活面の情報を得ることは大切です。

　その他、障害者雇用を行っている別の企業の知人に、一般論として相談してもよいでしょう。日頃から障害者雇用を担当している友人を増やしておくと、社内や専門機関には話しにくいことでも、打開策を一緒に考えてくれるはずです。　　　　　　　　［関哉直人］

Q4 明らかに体調が悪そうな障害のある従業員がいます。本人に状態を聞いても「大丈夫です」と答えますが、このような場合、産業医や本人の主治医とどのように連携して、障害のある従業員の健康に配慮すればよいですか?

「大丈夫です」と答える理由

　障害のある人が体調のよい悪いを伝えることができない理由として、次の3つのケースが考えられます。

　1つ目は、不調の自覚がない場合です。たとえば、高次脳機能障害のある人は、特徴的な症状として疲れやすいことや自分の置かれた状況がわからないという傾向があります。また、発達障害のある人の中にも、同様の傾向が見られることがあります。

　2つ目は、申し出るタイミングがわからない場合です。たとえば、知的障害のある人や発達障害のある人は、その都度状況の判断をすることが苦手という傾向があります。

　3つ目は、職場の人間関係を心配し、休むこと自体に恐怖心や罪悪感または病理的思考が働いている場合です。たとえば、難病をもつ人や内部障害のある人などは、外見から見えにくい障害であり、心身ともに疲れやすいという傾向があります。また、精神障害のある人は、病気の症状によっては、「被害を受けている」という事実とは異なる解釈を心の中で起こすこともあります。

不調の自覚がない場合、申し出るタイミングがわからない場合

　まずは、障害のある人にもわかりやすい形で、体調不良を具体化しましょう。たとえば、ホワイトボードや体調管理シートなどを活用して、体温、気分、睡眠時間、吐き気、せき、鼻水、腹痛、頭痛

などを、障害のある人が自分で始業前に申告するという仕組みを作ってもよいです。もしもインフルエンザなどの感染が疑われる場合には、速やかに医務室や医療機関の受診をすすめます。

産業医や本人の主治医と連携する場合には、客観的な情報が必要です。先ほどの自己申告とともに、疲労度、睡眠時間、服薬状況、気分などを週単位でまとめた生活リズム表を、障害のある従業員と一緒に作るという方法もあります。医療機関を受診する際には、その情報を医師に見てもらいましょう。体調とともに、仕事の内容、職場環境、業務量などの仕事に関する情報も伝えましょう。

障害のある従業員の了解があれば、通院に付き添ってもよいです。場合によっては、職場環境と本人をよく知っている支援機関が、本人の了解を得て協力してくれるかもしれません。

休むことに対して恐怖心や罪悪感などがある場合

休むことによって評価が下がったり、いずれ辞めなくてはならなかったりするのではないか、という不安を抱く障害のある従業員もいます。また、体調不良によって職場の人間関係が悪くなり、病名を他の従業員に知られることに恐怖を感じている場合もあります。

まずは、休暇制度の仕組みや医療機関を受診する際に伝えるべきことを、本人にわかりやすく説明して共有することができていたか、もう一度確認しましょう。もし本人の不安が残っている場合は、何に不安を感じているのかを見極めながら、再度丁寧に説明を行います。障害者就業・生活支援センターなどを本人が利用している場合は、その担当者に相談することを促すのも1つの方法です。

第三者と連携するには、客観的な情報が不可欠です。障害のある従業員と職場が健康状態についてやり取りする習慣を作ることが、本人のためにも職場のためにもなります。　　　　　　　　［堀江美里］

Q5 ある障害のある従業員は、家庭での心配事を職場でもよく口にします。家庭の問題が仕事にも影響していると思われる場合、どのように対応すればよいですか？

背景に何があるかを考える

　基本的には、プライベートの問題には立ち入らないケースが多いと思いますが、仕事に影響が出ている場合は、職場としても対応が必要になります。対応の仕方は、障害の種類というよりも、障害のある従業員本人の性格や生活スタイル、自分でどのぐらい判断ができるか、物事のとらえ方にどのような傾向があるか、などによっても変わります。大切なのは、表面化している職場への影響が、どのような背景によって起きているのかを、管理職や障害のある従業員をサポートしている従業員と一緒に洗い出すことです。

解決に向けた話し合い

　ここからは、具体例をもとに考えてみましょう。
　次の図表4は、障害のある従業員に、遅刻や欠席が目立つようになったという例です。この背景には、仕事に対するモチベーションの低下、人間関係のトラブル、ファーストフードの禁止という3つの要因が重なっていることがわかります。そのストレスを解消するために、ゲームセンターで過ごす時間が増えたということです。

図表4　遅刻や欠勤が目立つようになるまでの背景の図式化

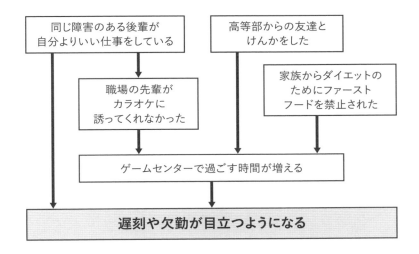

出典：「見てわかる社会生活ガイド集」編集企画プロジェクト編（2013）『知的障害・発達障害の人たちのための見てわかる社会生活ガイド集』ジアース教育出版、14頁をもとに筆者作成。

　障害のない従業員の人事管理では、就業規則などに基づいて、仕事に支障が出ないように遅刻や欠勤に対して注意することで対応するでしょう。しかし、高次脳機能障害のある人、発達障害のある人、精神障害のある人などの場合、障害のない人と同じ注意の仕方をすると、本人のとらえ方によって解釈が変わることがあります。物事のとらえ方に特徴があることも多いので、個人の思考の特徴に合わせて対応することが必要です。

　具体的な対応の仕方として、口頭による面談だけでは効果が上がらないことが多いです。そこで、伝えたいことをわかりやすく図表にして説明しましょう。図表は、先ほどのもののように、現状に至るまでの背景や事実を中心に、具体的にまとめます。その上で、障害のある人の認識と管理職や障害のある人をサポートしている従業員の認識とを、お互いに確認しながら話し合いましょう。

経緯の共通認識をもてた段階で、その問題によって仕事に影響が出ていることについて、本人の認識がどのくらいあるかを確かめます。それから、本人が抱えている問題をどのように解決していくかについて考えていきます。

　もし、企業で解決できないような問題がある場合には、支援者や外部の専門機関（**第２章Ｑ６参照**）にも相談して、解決に向けて動きましょう。その際、それぞれの機関の専門性に合った相談をすると、より的確な解決策が見つかります。

［堀江美里］

Q6 ある障害のある従業員の家族から、連絡帳を活用してほしいといわれています。連絡帳については、どのように扱っていけばよいですか？

連絡帳を通じて何を知りたいのか

　企業で働くということは、社会人です。一般の社会人に連絡帳はありません。しかし、ここで重要なのは、この家族はなぜ連絡帳を必要としているのかを見極めることです。

　障害のある従業員の職場での日々の様子を知りたいのか、年末調整などの働く上での書類上の手続の方法など個々の事柄について知りたいのか、といった家族が知りたいことによっても対応は変わってきます。2つの事例から考えてみましょう。

連絡帳に何を書けばよいのか

　まず、1つ目の事例です。知的障害のある人の場合、障害の特性として言葉が話せないことがあります。そのようなときに家族から「言葉が話せないので、職場での様子がわからない」という話があり、連絡帳を使うことになりました。この場合、健康状態や日々の本人の変化などについては、連絡帳を通じて家庭と企業がお互いに情報を共有でき、本人が不安になる要素を事前に取り除くことや障害の特性についての理解を深めることができました。ただ、職場での様子を丁寧に伝えようとしたことが、逆に家族に「本人が職場で今後も働けるのか」という不安を抱かせてしまいました。そこで、体調管理に必要な情報や事務的な連絡のみのやり取りに、連絡帳を使うことに変えました。

連絡帳が本人の負担になる

　次に、2つ目の事例です。学習障害があって文章を書くことが苦手な人の場合、もし、業務日報を連絡帳として使うとなると、業務日報を書くこと自体が大変な上に、それを家族に見られてしまうという状況が毎日起きることになります。そうなると、本人の心理的負担は非常に大きくなり、「仕事を辞めたい」という気持ちになったり、場合によってはパニックを起こしてしまったりするかもしれません。障害者雇用の場合、制度として連絡帳を導入するといっても、個々の障害の特性によっては、本人を追い詰めてしまうこともあります。連絡帳があることで、本人がどのような気持ちになるかということを丁寧に考えることも重要です。

形式よりもやり取りの内容が大切

　連絡帳という形ではなくても、業務日報や体調管理シートなどを家族と共有することも1つの方法です。職場での情報を提供するだけでも、家族の不安を和らげるとともに、何か障害のある従業員にトラブルが起きたときに、すぐに連携ができる関係を作ることもできます。本人のプライバシーに配慮しつつ、本人の体調や安定した就労環境を整備するという目的で、必要に応じて家族と情報を共有することが求められます。

　ただ、先ほどの2つの例のような状況が起きることもあります。どのような情報をやり取りすることが本人にとってよいか、そもそもやり取りすること自体が本人にとってよいかを考えながら、家族との情報交換の方法を決めましょう。

　　　　　　　　　　　　　　　　　　　　　　　　　［堀江美里］

Q7 障害のある従業員から、「同僚の従業員からいじめを受けている」という訴えがありました。どのように対応すればよいですか？

まずは話を聴き、適切な対応をする

　最初に、同僚の従業員から受けているとされるいじめの内容を確認します。そのいじめの背景に、障害に関する差別や偏見、無理解、勘違いなどがあるのかも合わせて確認します。

　初期段階によくあるケースとして、いわれている内容は厳しい指導であったり少し強い口調であったりするものの、他の障害のない従業員も同じような場面があるのだから我慢すべきだとして、明確な対応がなされないことがあります。しかし、障害のある従業員は、その生育歴の中で、怒られることや厳しくされること、強い口調でいわれることに慣れていないことも多く、また、厳しくいわれるとかえって指示が通らないことも多いです。そのため、厳しい指導方法を見直した方がうまくいく場合が少なくありません。

　また、障害者虐待防止法では、職場での障害者虐待をとくに禁止していますが、これは、障害のある人がその障害の特性から、虐待を虐待と認識できなかったり、虐待に対して反論が難しかったりするなど、虐待を受けやすい立場にあり、とくに職場で虐待を受けるケースが多いからだといわれています。この虐待には心理的虐待も含まれ、いじめもこれにあたる場合があります。職場でのいじめを放置することも、管理職を含めた使用者による障害者虐待（ネグレクト）とされる場合もあり、いじめに対しては迅速かつ適切な対応を取ることが不可欠です。

具体的な対応

　いじめの内容が身体的な暴行を伴うものであったり、パワハラやセクハラにあたるものであったりする場合、被害側の保護、加害側の処分を含めた厳正な対応が必要です。

　いじめの背景に障害に関する差別や偏見、無理解、勘違いがある場合、いじめたとされる従業員に対し、障害に対する理解を促し、本人の障害の特性を踏まえた指導や対応を求めていくことが必要です。障害に対する理解を促すためには、自社の障害者雇用の理念や考え方を改めて丁寧に伝えるとともに、研修や他社の見学の機会をもつことが有効です。また、その障害のある従業員の障害の特性をジョブコーチなどの第三者の立場の人から説明してもらい、いじめたとされる従業員と定期的に面談の機会をもつことも効果的です。

　いじめの実態が特定の従業員との人間関係の問題である場合、「厳しい指導」、「強い物言い」が原因であれば、本人の障害に対する理解とともに、そのような指導が本当に必要かつ有効かを考えることが必要です。その他の人間関係上のトラブルがある場合、調整が難しければ、一旦お互いの距離を置かせてストレスを軽減させるという対応も考えましょう。また、生活上のストレスが背景にある場合は、支援機関と連携して対応することも重要です。

　具体的な対応を考える際には、ジョブコーチや障害者就業・生活支援センターに相談をすることも効果的です。

　いずれにせよ、本人が「いじめられている」と訴えていることは、何らかのSOSを発している状態です。SOSを的確にキャッチして、本人が何に困っているのかをよく見極めながら解決に臨むことが大切です。

〔関哉直人〕

Q8 障害のある従業員から、「同僚の障害のある従業員から一方的に好意を抱かれていて、仕事がしづらい」という訴えがありました。どのように対応すればよいですか？

3つの状況

このケースでは、好意をもっているとされる障害のある従業員の側の事情としては、一般的な恋愛感情の場合と、相手の感情を汲み取れない障害の特性がある場合、さらに、訴えている従業員のとらえ方に障害の特性がある場合の、主に3つの状況が考えられます。それぞれの場合ごとに見ていきましょう。

一般的な恋愛感情の場合

まずは、社内ルールに沿って、双方からどのような言動があったのか、事実を確認します。確認された事実が、一般的・客観的に、業務におけるやり取りとは無関係であり、相手に不安感や不快感などネガティブな印象をもたらすものだとわかった場合には、事実に基づいて、好意を抱いている側の障害のある従業員への注意をします。その場合、注意の記録を本人とも共有するということを行います。このケースに限らず、「いった」、「いわない」といった争いを避けるために、注意をする側と注意を受ける側が情報を共有することが重要です。

相手の感情を汲み取れない障害の特性がある場合

このような問題が生じる場合、好意を抱いている側の障害のある従業員の独特のとらえ方や理解の仕方が背景にある場合が多いです。

本人の理解度に合わせて対応を行いましょう。

　よくある例として、「また、今度ね」といわれたことを文字通りに受け取って、帰りにその人を待っていて、「ストーカー」といわれるといったケースがあります。人を好きになるという感情は自然なものです。誰しも障害の有無にかかわらず、他者の感じ方や思いを否定することはできません。しかし、「好き」という感情を職場に持ち込むことは相手に迷惑になることがあること、実際の行動によって相手が不快になっていることなどを伝えることも大切です。

　また、訴えている側の従業員に対しても、社交辞令のような会話が文字通りに理解されることがあるということを伝えるとよいでしょう。

　伝える前に、障害のある従業員本人が理解しやすい方法をよく知っている支援者に、どう伝えれば効果的かを尋ねるのも1つのやり方です。ただ注意するだけでは、コミュニケーションにかかわる障害のある人は理解することがなかなかできません。理解を少しずつ深めていけるように、伝わる方法でコミュニケーションを重ねましょう。

訴えている従業員のとらえ方に障害の特性がある場合

　好意を抱く側に相手の感情を汲み取れない障害の特性がある場合と同様に、訴えている側の障害のある従業員本人の独特のとらえ方や理解の仕方が背景にあることも多いです。訴えている従業員が、職場での他の出来事についても訴えることが多いのか、それとも、普段はほぼそのようなことがないのか、によっても対応は変わります。

　もともと訴えることが多い人の場合は、本人の心の中に訴えたいことや伝えたいことがあり、その気持ちが他人を巻き込むような形

であらわれてしまっている場合があります。そのような場合、本人自身も自分が何を訴えたいのかわからず、周りを巻き込んでしまっていることの自覚がないこともあります。事実誤認を避けるために、双方からの事実確認をより丁寧に行うことはもちろんですが、本題とは無関係に思えるような内容でも、訴えている人の話を丁寧に聴くことが重要になってきます。本人がこだわっていることから、訴えている人の抱えている不満や、トラブルが発生した根本的な原因をキャッチできることがあるからです。

　普段は訴えることがない人の場合は、一般的な恋愛感情の場合と同じような対応をするとともに、その人自身の精神面の不調なども考えられます。そのため、訴えを聴きながら、不調を見極めて、場合によっては、病院に行くことや休みを取ることをすすめることも必要になってきます。訴えている人のストレスを軽くする方法も考えましょう。

［堀江美里］

第Ⅱ部

障害者雇用の背景

第 6 章　制度について

　最初は全然乗り気じゃなかった東さんが、最近、障害者雇用に積極的になっている。小谷さんが病欠したときには、わざわざ主治医に会いに行っていたし、この間も、障害に対する理解を広げる社内勉強会の企画をしたりしていたし、産休・育休と同じように、障害が原因で休まざるを得ない場合に、安心して休めるように就業規則を見直していこうとかいっているし……。

　正直、頭がついていかない。

　ゴウリテキハイリョって何だ……？

　配慮が義務なのか？ 配慮って、「思いやり」とか「善意」とか、そういうものじゃないのか？

　そもそも僕が障害者雇用をやりたいと思ったのは、弟が働き出したのがきっかけだった。働き出した弟は、家族じゃなきゃわからないだろうけど、目に見えて活き活きしていた。そんな弟を見ていて、働くっていうのは「生きる実感」になるんだな、って感じたんだ。ちょうど人事課に異動したこともあって、障害者雇用を自分でもやりたいと思った。そのときは、「人助け」、「社会貢献」みたいな感覚だった。

　弟のことに関しても、雇ってもらっていると思っていた。だから、弟を雇ってくれている企業に対して感謝はするけれど、改善を求めるなんて考えたこともなかった。

　だけど、確かに、僕が働けているように、弟が当然働けてもいい。弟がこれまで働いていなかったのは、どうせ働けないと周りが思っていたからだし。でも実際、今は働いているし。

　もう少し、障害者雇用について勉強してみようかな……。

1 ｜ 障害者雇用促進法の成り立ちとは

　障害者雇用促進法の制定と改正の経緯から、障害のある人に関する制度や理念の変化を見ていきます。

1960年の身体障害者雇用促進法
　現在の障害者雇用促進法は、1960年に制定された身体障害者雇用促進法をもとにしています。当時は、民間企業の障害者雇用率は、業務の内容により1.1％または1.3％とされ、その対象も法律の名前の通り、身体障害のある人に限られていました。
　同じ1960年に知的障害者福祉法ができていることからもわかるように、そもそも知的障害のある人は、当時は福祉の対象であり、自立した個人として働くということは考えられていませんでした。
　また、精神障害のある人は、1900年に制定された精神病者監護法で自宅の専用の部屋に閉じ込められることが認められていたように、長い間隔離されていて、やはり働くということは考えられていませんでした。
　身体障害者雇用促進法では、障害のある人を雇用するように努めなければならないという努力義務にとどまり、雇用する法的な義務や雇用率を達成しない場合の障害者雇用納付金制度などは、ありませんでした。そのため、就労を希望しながらも、職を得られない障害のある人が多くいる状況が続きました。

現在の法律ができるまで
　そこで、1976年に身体障害者雇用促進法の最初の改正が行われます。障害者雇用が努力義務から雇用義務となり、企業に対する法定雇用率は1.5％になるとともに、未達成の企業に対して納付金を

課す制度も設けられました。これが、現在の障害者雇用制度の原型です。

その後も何度も改正を繰り返す中で、とくに大きな改正があったのは1987年です。そのときには、身体障害のある人に限られていた法律の対象者が、知的障害のある人や精神障害のある人を含むすべての障害のある人に拡大され、法の名称も現在の障害者雇用促進法に改められました。ただし、雇用義務の対象となるのは、身体障害のある人のみとされました。

1987年の改正の背景には、1981年の国際障害者年以降、障害のある人も社会の一員と考えるノーマライゼーションの理念が、社会に広く受け入れられるようになったこともあります。その理念を反映する形で、「障害者である労働者は、経済社会を構成する労働者の一員として、職業生活においてその能力を発揮する機会を与えられるものとする」（障害者雇用促進法3条）という条文も新たに設けられました。

その後、知的障害のある人の雇用の機会を増やしてきた特例子会社制度が、1987年に法制化され、1997年の改正では、知的障害のある人も障害者雇用促進法の雇用義務の対象となりました。

そして、2006年に国連で採択された障害者権利条約の批准に向けた動きの中で、2013年に大きな改正が行われることになりました。

［柳原由以］

2 | 法定雇用率とは

　障害者雇用促進法では、障害者雇用率制度を定めており、現行制度では、民間企業の場合、派遣社員も含む常勤の従業員の2.0％以上の障害のある人を雇用することが義務づけられています（国や地方公共団体などは2.3％）。これが、法定雇用率制度です。
　この割合を達成できない場合は、納付金を納めることが決められているだけでなく、直近の1月1日から2年間で法定雇用率の達成を求められる雇入れ計画作成命令などの行政指導を、ハローワークから受けることもあります。最終的には、厚生労働大臣による企業名の公表という社会的制裁を受けることとなり、企業にとって大きなマイナスイメージをもたらします。

企業が雇うべき障害のある人の数の計算方法

　たとえば、ある年度に常勤の従業員が120人いる民間企業の場合、法定雇用率は2.0％以上なので、2人以上の障害のある人を雇用する義務があるということになります（小数点以下は切り捨てです）。これが、法定雇用障害者数です。
　また、重度の身体障害のある人か重度の知的障害のある人を1人雇用すると、障害のある人2人を雇用したと見なされます。重度の身体障害のある人とは、身体障害者手帳1級か2級、または3級の障害を複数もっている人です。また、重度の知的障害のある人とは、原則として、療育手帳の等級がAとされている人です。
　さらに、重度の身体障害のある人や重度の知的障害のある人を短時間労働者（週の労働時間が20時間以上30時間未満の従業員）として雇用する場合は、障害のある人1人を雇用したと見なされます。
　そして、重度以外の身体障害のある人、知的障害のある人、精神

障害のある人を短時間労働者として雇用する場合は、障害のある人0.5人を雇用したと見なされます。

ただし、建築現場や鉄工所など、一律に法定雇用率を適用できないタイプの企業については、除外率を設定し、特定の業種について雇用義務の軽減が図られています。これを、除外率制度と呼びます。

障害者雇用納付金制度の仕組み

101人以上の常勤の従業員を雇用する企業の場合、雇用している障害のある人の数が、年度内に企業が雇うべき障害のある人の数の合計数に満たないときに、不足している法定雇用障害者数1人あたり月額5万円を納付する義務があります。

障害のある人を雇用するには、施設や設備の改良、職場環境の整備、特別の雇用管理などが必要とされることが多く、予算面での負担がかかります。企業間の障害者雇用による経済的負担を調整するとともに、障害のある人を雇用する企業をサポートすることで、障害者雇用の促進と雇用の安定を図るため、障害者雇用納付金制度が設けられているのです。

障害者雇用調整金や報奨金の支給

常勤の従業員が101人以上の企業（障害者雇用納付金の納付義務の対象となる企業）で障害者雇用率（2.0％）を超えて障害のある人を雇用している場合は、その超えて雇用している障害のある人の数に応じて、1人あたり月額2万7000円の障害者雇用調整金が支給されます。また、常勤の従業員が100人以下の企業でも、法定雇用率を超えて多数の障害のある人を雇用している場合、一定の条件を満たせば報奨金の支給を受けることができる場合があります。

［大胡田誠］

3 ｜ 改正障害者雇用促進法とは

　改正障害者雇用促進法は、2013年6月に成立し、2016年4月から（一部は、2013年6月または2018年4月から）施行されることになっています。その概要を、ここでは見ていきましょう。

障害者に対する差別の禁止及び合理的配慮の提供義務
（2016年4月1日施行）

　改正障害者雇用促進法には、雇用の分野における障害を理由とする差別的取扱いの禁止が規定されました。また、企業に、障害のある人が職場で働く際の困りごとを改善するための手立てを取ること（合理的配慮の提供）を義務づけています。差別的取扱いの禁止と合理的配慮の提供義務は、2013年6月に成立した障害者差別解消法でも定められていますが、雇用の分野における特別な義務として、この法律でも定められています。

法定雇用率の算定基礎の見直し
（2018年4月1日施行）

　改正障害者雇用促進法では、法定雇用率の対象となる障害のある人として、これまでの身体障害のある人と知的障害のある人に加え、精神障害のある人が対象となりました。ただし、2023年3月31日までの5年間に限り、精神障害のある人を雇用した場合の法定雇用率を算出する場合、通常の法定雇用率（民間企業は2.0％）より低い率（政令で定める率）を満たせばよいとされています。これを、激変緩和措置と呼びます。

障害者の範囲の明確化
(2013年6月19日施行)

　障害者の範囲について、改正障害者雇用促進法では、精神障害のある人の中に発達障害のある人を含むことと、身体障害、知的障害、精神障害以外の心身の機能の障害のある人も、法律の対象とすることを明確にしました。

［関哉直人］

4 | 改正障害者雇用促進法の対象となる障害者とは

改正障害者雇用促進法では、それぞれの障害者を次のように定めています。

身体障害者

身体障害者とは、身体障害者障害程度等級表（身体障害者福祉法施行規則別表第5号として記載）の1級から6級の障害があるか、7級の障害を2つ以上重複してもつ人のことです。

具体的な障害の種類には、①視覚障害、②聴覚または平衡機能の障害、③音声機能、言語機能またはそしゃく機能の障害、肢体不自由、④内部障害（心臓機能障害、じん臓機能障害、呼吸器機能障害、ぼうこうまたは直腸の機能障害、ヒト免疫不全ウィルスによる免疫機能障害）、の4つがあります。

また、重度身体障害者とは、身体障害者障害程度等級表の1級または2級の障害があるか、3級の障害を2つ以上重複してもつ人のことです（企業が雇用している障害のある人の数の計算や障害者雇用納付金の額の計算などの際に、重度身体障害者1人は、障害者のある人2人として計算されます（**第6章2参照**））。

身体障害者であることは、原則的に、身体障害者福祉法に基づいて交付される身体障害者手帳によって確認します。

知的障害者

知的障害者とは、児童相談所、知的障害者更生相談所、精神保健福祉センター、精神保健指定医または地域障害者職業センターといった知的障害者判定機関によって、知的障害があると判定された人のことです。おおむねIQが70以下であり、発達障害やてんかんを

あわせもつ人も少なくありません。

　また、重度知的障害者とは、知的障害者判定機関により知的障害の度合いが重いと判定された人のことです（企業が雇用している障害のある人の数の計算や障害者雇用納付金の額の計算などの際に、重度知的障害者1人は、障害のある人2人として計算されます（**第6章2参照**））。

　知的障害者であることは、原則的に、都道府県知事が発行する療育手帳または知的障害者判定機関の判定書によって確認します。

精神障害者

　精神障害者とは、精神保健福祉法に基づいて交付される精神障害者保健福祉手帳をもつか、統合失調症、双極性障害またはてんかんにかかっている人のうち、症状が安定していて就労ができる状態にある人のことです。

　精神障害者保健福祉手帳をもつ人を雇用している場合は、企業が雇用している障害のある人の数の計算や障害者雇用納付金の額の算定などの際に、1人の障害のある人として計算されます。

　精神障害者であることは、精神障害者保健福祉手帳の他、医師の診断書や意見書などによって確認します。なお、医師の診断書や意見書などによる精神障害者であることの判断は、障害者雇用納付金制度などを活用する場合のみ有効です。

発達障害者

　発達障害者とは、①自閉症、アスペルガー症候群その他の広汎性発達障害、②学習障害、③注意欠陥多動性障害、の3つの他、これに類する脳機能の障害であって、その症状が通常ならば低年齢の段階で発現するものとして政令で定めるものがあるために、日常生活または社会生活に制限を受ける人のことです。

発達障害者は雇用義務の対象には含まれず、企業が雇用している障害のある人の数の計算などにも含まれませんが、ハローワークによる職業紹介、職業指導、求人開拓などの対象にはなっているため、たとえば、本人に合った仕事の紹介などを受けることはできます。
　なお、発達障害者というだけでは障害者雇用率に含まれませんが、他の障害が認定されて、精神障害者保健福祉手帳や療育手帳をもつ人の場合は、発達障害者でも算定の対象になることがあります。
　発達障害者であることは、都道府県障害者福祉主管課、精神保健福祉センターまたは発達障害者支援センターが紹介する発達障害に関する専門医による診断書によって確認します。

その他の障害
　難病などの慢性疾患者や高次脳機能障害者など、障害者手帳をもたない人は、雇用義務の対象には含まれず、企業が雇用している障害のある人の数の算定対象にも含まれませんが、求人開拓や職業指導の対象には含まれています。
　難病とは、難病法によれば、「発病の機構が明らかでなく、かつ、治療方法が確立していない希少な疾病であって、当該疾病にかかることにより長期にわたり療養を必要とすることとなるもの」とされています。国や各都道府県では、ベーチェット病や多発性硬化症などの約300の指定難病が調査研究の対象とされ、医療費の公的負担などが行われています。なお、指定難病にあたらなくても、継続的な社会生活上の困難があれば、改正障害者雇用促進法では求人開拓や職業指導の対象には含まれます。
　高次脳機能障害とは、病気や事故などが原因で脳が損傷したことにより、その後遺症として、記憶や言語、学習、判断などの脳の機能が低下した状態のことです。

［関哉直人］

5 ｜ 差別禁止、合理的配慮義務とは

　改正障害者雇用促進法では、**第6章3**の通り、障害のある人に対する差別の禁止及び合理的配慮の提供義務を定めていて、2016年4月に施行されます。これらについて、詳しく見ていきます。

障害のある人に対する差別の禁止
　改正障害者雇用促進法には、企業による障害のある人への差別の禁止が定められています。この条文を具体化した厚生労働省の障害者差別禁止指針には、2つの基本的な考え方が書かれています。それらは、①すべての企業は、従業員の募集・採用に際して、障害のない人と均等な機会を障害のある人に提供しなければならないこと、②賃金の決定、教育訓練の実施、福利厚生施設の利用その他の待遇について、従業員に障害があることを理由に、障害のない人と不当な差別的取扱いをしてはならないこと、です。このように、雇用のあらゆる段階で、企業は、障害があることを理由に、障害のある人を排除したり、障害のある人に対して不利な条件をつけたり、障害のある人よりも障害のない人を優先したりすることなどが禁止されています。

　なお、障害者差別禁止指針では、障害のある人を障害のない人と区別することは、次の4つの場合には、禁止される差別に該当しないとされています。それらは、①積極的差別是正措置として、障害のある人を有利に扱うこと、②合理的配慮の提供を前提とした上で、労働能力などを適正に評価した結果として異なる扱いとすること、③合理的配慮を提供した結果として、異なる扱いとなること、④障害のある人を対象とした求人の採用選考または採用後に、仕事をする上での能力や適性の判断、合理的配慮を提供するためなどの人事

管理上必要な範囲で、プライバシーに配慮した上で障害のある人に障害の状況などを確認すること、です。

　また、障害者差別禁止指針には、雇用のあらゆる段階で、事業主のどのような行為が障害のある人に対する差別になるのかが、具体的にあげられています。たとえば、募集・採用の段階では、次の3つの行為が差別だとされています。それらは、①障害があることを理由として、障害のある人を募集・採用の対象から外すこと、②募集・採用にあたって、障害のある人に対してのみ不利な条件をつけること、③採用の基準を満たす者の中から障害のない人を優先して採用すること、です。

　ところで、従業員を募集するとき、たとえば運転免許証をもっていることなど、一定の能力や資格をもつことが採用の条件とされることがあります。この場合、障害者差別禁止指針では、業務上とくに必要なものならば差別にはならないものの、業務遂行上とくに必要でないにもかかわらず、障害のある人を排除するために条件をつけることは、障害があることを理由とする差別になるとしています。そのため、たとえば、公共交通機関が充実している地域で、内勤が中心の事務職の従業員を募集する際に、運転免許証をもつことを条件とすることは、禁止される差別になる可能性があります。

障害のある人に対する合理的配慮の提供義務
　改正障害者雇用促進法には、企業に対して、障害のある人に合理的配慮を提供しなければいけないと定められています。
　合理的配慮とは、障害のある人が職場で働く際の困りごとを改善するための手立てを取ることで、企業にとって過重な負担にならない範囲のものをいいます。厚生労働省の合理的配慮指針には、3つの基本的な考え方が書かれています。それらは、①すべての企業は、

従業員の募集・採用に際して、障害のある人からの申し出により、その障害のある人の障害の特性に配慮した必要な措置を提供しなければならない、②すべての企業は、その雇用する障害のある従業員の障害の特性に配慮した職務の円滑な遂行に必要な施設の整備、援助を行う者の配置、その他の必要な措置を提供しなければならない、③企業に対して過重な負担を及ぼすこととなるときは、①、②の限りではない、です。

合理的配慮としてどのような措置を提供するかは、個々の障害のある人の障害の特性や職場の状況によって異なります。車いすを使う人ならば机の高さを調節すること、知的障害のある人ならばわかりやすい文章やイラストを使って説明すること、精神障害のある人ならばできるだけ静かな場所で休憩できるようにすること、といったことが一例です。障害のある人が何を必要としているのかを考えるとともに、本人にも尋ねながら合理的配慮を行いましょう。

また、合理的配慮指針には、企業がどのような手続を経て障害のある人に合理的配慮を提供すべきかが書かれています。

募集・採用時における合理的配慮の提供には、3つの段階があります。最初に、障害のある人から、支障となっている事情やその改善のために必要な措置について、企業に伝えます。次に、企業は、障害のある人の申し出を受けて、支障となっている事情を確認し、確認できた場合、具体的にどのような措置を取るかについて、話し合いを行います。それから、企業は、提供する措置を決めるとともに、措置の内容や理由（企業にとって過重な負担にあたる場合は、その旨と理由）を、障害のある人に説明します。

採用後の合理的配慮の提供についても、3つの段階があります。最初に、企業から障害のある人に対して、職場で支障となっている事情の有無を確認します。次に、企業は、具体的にどのような措置

を取るかについて、障害のある人と話し合いを行います。それから、企業は、提供する措置を決めるとともに、措置の内容や理由（企業にとって過重な負担にあたる場合は、その旨と理由）を障害のある人に説明します。　　　　　　　　　　　　　　　　［大胡田誠］

6 | 就労支援の仕組みとは

　障害のある人が働くためには、採用前の段階から、就労後の職場定着の段階まで、さまざまな就労支援が必要になることがあります。採用前には、雇用前のハローワークや就労移行支援事業所での訓練や実習制度、採用時には、トライアル雇用制度、就労後には、助成金制度、奨励金制度、ジョブコーチによる支援など、あらゆる段階に障害のある人と雇用する企業をサポートする制度があります。それぞれについて、具体的に見ていきましょう。

採用前の支援
　就労に至る前には、ハローワークや都道府県労働局の行う実地訓練としての職場適応訓練や、職業能力開発校が実施する厚生労働省による委託訓練事業制度があります。それぞれ、委託先の機関に対して、職業訓練受講生1人につき、一定の助成金が支給されます。職場適応訓練の場合、訓練生に対する訓練手当も支給されます。
　また、障害者総合支援法に定められた障害福祉サービスである就労移行支援を利用する人もいます。就労移行支援とは、発達障害や精神障害などがあって、就労してから企業になじめるかなどが不安な人が、ステップアップの段階として職業訓練や実習を受ける制度です。NPOや社会福祉法人などの民間団体が就労移行支援事業所を運営しています。福祉サービスであるため、利用料が発生することがあります。
　職業訓練や実習の内容はそれぞれの就労移行支援事業所ごとに異なりますが、委託訓練事業でも就労移行支援事業でも、パソコン操作、履歴書の作成、面接対策などの実践や、身だしなみや挨拶などのビジネスマナーなど、企業で働くために必要なさまざまな知識や

技能を身につける機会になっています。

採用時の支援

　障害のある人を雇用した経験がなかったり、過去の障害者雇用の失敗から障害者雇用をどのように進めればよいか迷っていたりする企業に対して、正式な採用の前段階として、トライアル雇用制度があります（**第1章Q3参照**）。一定の期間に限って行われるもので、その間、企業に対して奨励金が支給される場合もあります。トライアル雇用制度を行う際には、ハローワークに相談するとよいでしょう。

就労後の支援

　地域障害者職業センターでは、ジョブコーチの派遣や専門的な相談を受けることができます。また、障害者就業・生活支援センターでは、日常生活にかかわる支援も含めて、就労後の職場定着支援も受けられます。

　また、雇用することに対する経済的な支援としては、特定求職者雇用開発助成金（知的障害のある人や精神障害のある人を継続して雇用する企業に対する制度）や、障害者初回雇用奨励金（障害者雇用の経験がない中小企業に対する制度）、発達障害者・難治性疾患患者雇用開発助成金（手帳をもたない発達障害のある人や難病をもつ人を雇用する企業に対する制度）などの助成金制度があります。さらに、働く上での合理的配慮を行うための制度として、職場での介助者に対する障害者介助等助成金などの助成金制度があります。申請に必要な書類などの詳細については、ハローワークに相談したり、厚生労働省や独立行政法人の高齢・障害・求職者雇用支援機構のウェブサイトを参照したりしてください。

［堀江美里］

7 ｜ 特例子会社とは

　障害者雇用に大きくかかわる制度として、特例子会社制度があります。特例子会社とは、障害者雇用促進法によって定められている、企業が障害のある人の雇用に配慮して設立する子会社のことです。

特例子会社のメリットとデメリット
　企業が特例子会社を設立するメリットは、法定雇用率を親会社と合算できるということです。また、親会社とは異なる業務、就業形態、労働条件などを独自に設定することもできます。
　一方で、特例子会社の「特例」とは、法定雇用率についての特例を認めるという意味であり、その点以外は1つの営利企業です。設立当初には、特例子会社等設立促進助成金などの助成金制度を活用できる場合があるものの、期間が決まっているものがほとんどです。そのため、特例子会社の多くが、経営面での課題を抱えています。
　自社での直接雇用をする場合との違いについては、**第1章Q5**にまとめていますので、合わせてご覧ください。
　特例子会社の設立は、1000人以上の大企業でなければ、企業としての体裁を保つことが困難な傾向にあります。事業の継続性と障害のある人の働きやすさを考慮しながら、特例子会社を設立するかどうかを検討しましょう。

障害のある人にとっての特例子会社とは
　障害のある人や支援者は、特例子会社という言葉から、障害のある従業員に特別な配慮があるという期待感を抱いたり配慮を求めやすいと感じたりする傾向があります。しかし、実際の特例子会社の「特例」という意味は、あくまで法定雇用率に関することであって、

合理的配慮に関することではありません。特例子会社は、障害のある人が多く働いている場ではあるものの、就労移行支援事業所や就労継続支援事業所とは異なり、1人の従業員としての活躍を求められます。企業には、合理的配慮を行いながら、障害のある人のパフォーマンスを最大限引き出す工夫が求められます。　　　［堀江美里］

第7章　障害について

　小谷さんは、残業なし、週4日勤務で安定して働けるようになってきた。大企業で働いていた経験があるだけあって、仕事のスキルは高い。取引先や顧客の対応は苦手みたいだけど、顧客情報の整理や会議の資料作りなどは安心してお願いできる。

　障害者雇用を始めて感じたのは、当たり前だけど、精神障害と知的障害は全然違うってことだ。僕には知的障害のある弟がいるから、障害には理解がある方だと思っていたけれど、それは弟を知っているというだけだった。同じ知的障害でも、大山さんと弟だって全然違う。弟は、大山さんより言葉が多くてよくしゃべるけど、大山さんのような集中力はたぶんない。

　それぞれにコミュニケーションのポイントも違って、コミュニケーションを取るには、相手に伝わる方法じゃないと意味がないっていうことを改めて痛感する。大山さんに伝えるときは、イラストや実演を含めて、「意味をわかりやすく」が一番のポイントだ。小谷さんは、話し手の「顔色」とか「真意」が気になってしまうようなので、ぶっきらぼうにならないように、こちらの思っていることを丁寧かつ率直に伝えることが必要になる。

　障害もいろいろある……というか、とにかく、いろんな人がいる。障害者雇用を始めたことで、社内でも「こうあるべきだ」、「これが普通だ」ということにとらわれないで、いろんな可能性に挑戦しようする意識が生まれてきたように感じる。少なくとも、自分の意識はかなり変わった。

　今度、新しく障害者雇用枠で求人を出す。いろいろな障害について、もう少し知っておいた方がよさそうだ。

1 　障害とは

　障害者雇用、障害のある人など、障害という言葉が社会の中で自然に使われていますが、そもそも障害とは何なのでしょうか。障害に関する考え方を見ていきましょう。

医学モデルと社会モデル
　障害は、医学モデルと社会モデルの2つによって定義づけられるとされています。医学モデルとは、身体能力や医学的診断を重視し、障害のある人が受ける社会的不利益は、その個人の問題だとする考え方です。一方、社会モデルとは、障害のある人が受ける社会的不利益は、社会に問題があるとする考え方です。たとえば、車いすを使う人がエレベーターのない駅で電車を利用できないのは、その人の問題ではなく、エレベーターがないという障壁が原因だと考えるのが、社会モデルです。

　これまでの日本の法律は、医学モデルを基準として、障害や障害のある人を定義していましたが、現在は、社会モデルも踏まえた定義がなされるようになってきました。たとえば、障害者基本法では、障害者を、「身体障害、知的障害、精神障害（発達障害を含む。）その他の心身の機能の障害（以下「障害」と総称する。）がある者であつて、障害及び社会的障壁により継続的に日常生活又は社会生活に相当な制限を受ける状態にあるものをいう」と定義しています。ここには、社会モデルの考え方が取り入れられています。

　ここからは、改正障害者雇用促進法における障害や障害のある人の定義にかかわらず、社会モデルの観点から広く障害を取り上げ、その障害の特性と、一般的に配慮すべきとされる事柄を紹介します。

［関哉直人］

2 ｜ 身体障害（肢体不自由）とは

　肢体不自由とは、身体の動きに関する器官が、病気やけがで損なわれ、歩行や筆記などの日常生活動作が困難な状態をいいます。

状態は個々人でさまざま
　肢体不自由の度合いは1人ひとり異なります。ゆっくりであれば自力で歩ける人、松葉杖を使って歩く人、電動車いすであれば自分で操作できる人、首から下の自由がまったくきかないために、手動車いすを介助者に押してもらわなければならない人など、さまざまです。
　不自由が生じる部位も、手、足、体幹など、1人ひとり異なります。原因も、脳性麻痺など生まれつきのものから、交通事故や病気による中途障害など、さまざまです。自分の意思とはかかわりなく手足が動く不随意運動がある人や、言語障害のある人もいます。
　身体障害者福祉法では1級から7級までに分類されており、これらにあてはまれば身体障害者手帳をもつことができます。ただ、肢体不自由のある人すべてが、身体障害者手帳をもっているわけではありません。
　そのため、肢体不自由のために日常生活や仕事をする上などで、どのような困難があるのか、それは設備の改良や特別な機器の利用によってどのくらい軽減されるのか、といったことをまず本人に確認することが必要です。

職場での配慮
　肢体不自由のある人と一緒に働くときには、主に次のことを、職場の状況に合わせて行いましょう。

1つ目は、職場内での移動をしやすくすることです。車いすでも移動できるように、通路に物を置いたりせず、広い通路を確保しましょう。段差があるときにはスロープなどの設置が必要です。何とか歩行はできるけれども転倒しやすい人の場合、通路やトイレに手すりを設置することが必要でしょう。段差や狭い通路など、物理的なバリアをすぐに取り去ることは難しいかもしれませんが、同僚の従業員が車いすを押すなど、従業員同士で助け合うことで移動が容易になることもあります。職場の行事や懇親会を通して、企業内でそのような雰囲気を作っていくことも大切です。

　2つ目は、仕事がしやすい環境の整備です。車いすに乗ったままでも作業しやすいように、机の高さを調節したり、広めの机を用意したりします。不随意運動がある人や手に麻痺がある人の場合、デスクワークがしやすいように、その人の体に合わせたマウスやキーボードなどを用意するのがよいでしょう。

　3つ目は、通勤時の配慮です。車いすで通勤する場合に、混雑時間帯を避けるために、時差通勤やマイカー通勤を認めることなどです（第3章Q3参照）。

　4つ目は、通院やリハビリに対する配慮です。肢体不自由のある人は、定期的に通院しなければならなかったり、身体機能を維持するためにリハビリに通っていたりすることがあります。それらに合わせた勤務スケジュールにすることが必要です。

　大切なのは、その人の状態に合わせた配慮を行い、その人にとって働きやすい環境を実現することです。ときとともにその人の障害の度合いが変わることもあります。その場合、本人の変化に合わせて、企業が行う配慮の内容も変わってきます。　　　　［長岡健太郎］

3 ｜ 身体障害（視覚障害）とは

　視覚障害とは、視力や視野に何らかの障害があるために、まったく見えないか、または見えにくい状態をいいます。

全盲と弱視
　医学的には、全盲とは視力が0で、光も感じない状態をいいます。光を感じるか視力がある状態を弱視といい、ロービジョンとも呼ばれます。視覚障害のある人は、30万人いるといわれていて、そのうち全盲の人の割合は、約20％いるといわれています。

視力以外の視覚障害
　視覚障害は視力だけでなく、視野（ものの見える範囲）、色覚（色の認識機能）、光覚（光の度合いを感じる機能）の障害もあり、1人ひとりの見え方はさまざまです。たとえば、全体がぼやける、視野の一部が見えない、視野の中心が見えない、暗いところで見えない、まぶしさが強くて見えない、ゆがんで見える、などの症状です。

視覚障害のある人と歩行
　全盲の人でも、歩行訓練を受けていれば、自力で通勤することができます。重い視覚障害があっても歩行訓練を行うことによって、自力で歩行したり公共交通機関を利用したりすることができます。また、初めての場所でも、数回練習することで、自力で移動できるようになります。

視覚障害のある人の支援機器
　視覚障害のある人の中には、コミュニケーション能力、わかりや

すく説明する能力、企画力など、視覚に関係のない高い能力をもつ人もいます。支援機器を使うことによって、一般に普及している文書作成ソフトや表計算ソフトの使用、メールの利用、インターネット検索などができるようになり、パソコンを使った仕事にも対応できます。

　ここで、代表的な支援機器を4つ紹介します。

　1つ目は、拡大読書器です。弱視の人のためにズーム式のビデオカメラで本や書類を写し取り、モニター画面に拡大表示させます。拡大倍率は標準的なもので2〜40倍に設定できます。最近では、カラー表示のものや液晶ディスプレイを利用した携帯性に優れたものもあります。

写真1　**拡大読書器の例**

出典：株式会社タイムズコーポレーション「クリアビューC HD22」（左側）、「ズーマックス スノー 7HD」（右側）。

　2つ目は、画面拡大ソフトです。弱視の人のためにパソコンの画面を拡大するソフトです。Windows対応の画面拡大ソフトであれば、文書作成ソフトや表計算ソフトなど、一般に利用されているアプリケーションソフトの画面拡大ができます。

写真2　画面拡大ソフトの例

拡大前

5倍に拡大後

出典：株式会社アメディア「ZoomText」。

　3つ目は、画面読み上げソフトです。パソコンのディスプレイ上の文字情報を合成音声で読み上げるソフトです。漢字や文字の種類の違いを音声で説明してくれるので、漢字かな交じり文の作成ができるとともに、表計算ソフト、プレゼンテーションソフト、電子メールソフトにも対応しています。また、インターネットのウェブサイトを読み上げるソフトも開発されていますので、インターネット検索もできます。

写真3　**画面読み上げソフトの例**

出典：有限会社エクストラ「JAWS」。

　4つ目は、OCR（光学的文字読み取りシステム）です。書類や本などの印刷物をスキャナで読み取り、文字情報に変換します。電子情報に変換された文字情報は、画面読み上げソフトで読み上げたり、各種のアプリケーションソフトを使って編集・加工をしたりすることができます。

　OCRは、職場用の複合機にも機能があることがあります。障害のない人にとっても、文書をデータ化できると業務効率が高まるので、OCR機能のある複合機の導入を検討したり、OCR機能が使えるように複合機の設定を確認・変更したりするとよいでしょう。

　こうした支援機器は、独立行政法人の高齢・障害・求職者雇用支援機構などが貸出しを行っているだけでなく、企業が購入する場合には、障害者作業施設設置等助成金という助成金制度を活用できるケースもあります。合理的配慮を行う上ではいずれも欠かせない機器なので、本人の障害の特性を踏まえて、積極的に活用しましょう。

〔大胡田誠〕

4 | 身体障害（聴覚障害）とは

　聴覚障害とは、聴感覚に何らかの障害があるために、まったく聞こえないか、または聞こえにくい状態をいいます。

「情報障害」でもある聴覚障害
　聴覚障害のある人といっても、まったく聴力を失っている人や小さい音が聞こえにくい人など、さまざまです。さらには障害が起こった年齢や受けた教育などの違いによって、聴力だけでなく話す言葉の明瞭さや読み書きの能力にも大きな差が生じます。
　また、聴覚障害は、聞こえない、聞こえにくいということだけでなく、そのことによって情報が不足しやすい「情報障害」ともいえます。日常のやり取りの多くは、会話で成り立っています。会話以外の方法で、どのように情報をやり取りできるのかをイメージすると、聴覚障害のある人とのやり取りの方法がわかります。
　具体的なやり取りの方法としては、筆談、口話、手話、電子メールなどの情報機器の活用などがあります。まずは、どのような方法がやり取りしやすいのかを、本人に確認することが大切です。
　ここからは、具体的に4つのやり取りの方法を見ていきます。

筆談
　筆談は、メモ帳やホワイトボード、携帯電話やタブレット端末などを使って、実際に文字を書くやり取りです。
　ポイントは、①読みやすい文字で書く、②長い文章は避け、短く区切る、③5W1Hなど要点をはっきり伝える、④具体的で明確な表現方法を用いる、の4つです。

口話

　口話は、話し手の唇や口の動きから話の内容を読み取り（読話）、自分の話したいことを声に出して話す（発語）というやり取りです。

　聴覚障害のある人は、話し手の口の動きがつかめても、同じような口の動きをする言葉は読み取りにくいものです。たとえば、「メモ」と「ネコ」は同じ口の動きをするので、聴覚障害のある人は会話の文脈によって言葉を理解することになります。

　口話で日常的にやり取りをしている人でも、会議の内容の要約や業務の指示は、メモなどで情報を伝えると、より確実です。

手話

　手話は、手や体のさまざまな部分、表情などを使って表現するやり取りです。

　職場の中で手話によるコミュニケーションができれば、職場の信頼関係や親密感が深まります。しかし、手話は習得するまでにかなりの時間がかかります。職場で手話を学んでいる人が初心者の場合は、聴覚障害のある人に伝わっているかどうかを常に確認し、正確なやり取りに努めましょう。

情報機器

　電話での会話が困難である聴覚障害のある人にとっては、FAXや電子メール、携帯電話などの情報機器は広く使われているツールです。筆談にも活用できるだけでなく、情報機器を利用することで、障害のない人とまったく同じようなやり取りをすることができます。

　FAXを使う場合は、受信相手が不在で第三者の目に触れることもあります。プライバシーにかかわる内容や機密性の高い内容は、送信の際に事前に連絡をするなどの配慮が必要です。　　［大胡田誠］

5　身体障害（内部障害）とは

　内部障害（内部機能障害）とは、身体障害の1つです。身体障害は、視覚障害、聴覚障害、言語障害、肢体不自由、内部障害に分類され、身体内部の臓器に障害がある状態を内部障害といいます。具体的には、心臓、呼吸器、腎尿路、消化器などの障害です。身体障害者福祉法では、心臓機能障害、腎臓機能障害、呼吸器機能障害、膀胱直腸機能障害、小腸機能障害、肝臓機能障害、ヒト免疫不全ウィルスによる免疫機能障害、の7つが内部障害とされています。腎臓機能障害のある人の場合は、人工透析を受けている人もいます。

　内部障害のある人の数は100万人を超えており、障害のある人全体の30％を占めています。とくに65歳以上の高齢者が多く、近年高い増加率を示しています。

内部障害の具体的内容

　ここからは、7つの内部障害ごとに、どのような障害かを見ていきます。

　1つ目は、心臓機能の障害です。不整脈、虚血性心疾患（狭心症、心筋梗塞）、心筋症などにより心臓の働きが制限され、日常生活において支障が生じている場合があります。先天的に心臓病を患い、日常生活に制限のある人も含まれることがあります。

　2つ目は、腎臓機能の障害です。腎機能低下によって慢性腎不全に至ると、人工透析や腎臓移植が必要になることもあります。

　3つ目は、呼吸器機能の障害です。気管支の狭搾や慢性呼吸不全によって、人工呼吸器を着けなければならない場合もあります。

　4つ目は、膀胱または直腸の機能障害です。人工肛門（ストマ）や代用膀胱を設置することもあります。

5つ目は、小腸機能の障害です。小腸の切除をすると、これまでどおりの栄養の維持が困難になります。随時、中心静脈栄養法や経管栄養療法を利用する場合もあります。
　6つ目は、肝臓機能の障害です。肝臓移植が必要な重度の障害の場合は、内部障害とされます。
　7つ目は、ヒト免疫不全ウィルスによる障害です。HIVもこれに含まれますが、誤解による偏見や差別を防ぐためにも、プライバシーへの配慮が必要です。

職場での配慮
　内部障害は、外見上障害があるように見えない場合があり、周囲の理解を得ることが困難です。しかし、多くの内部障害のある人が、治療を必要としていて、日常生活が制限されています。
　現実には、内部障害のある人の就業率は、意外と高いです。その理由として、外見上わかりにくく、障害を企業に伝えずに非障害者枠で働いている人も多くいるともいわれているからです。
　内部障害があっても、体調のコントロールができれば働くことができますが、見た目でわかりにくいからこそ、職場の理解不足を恐れて、障害を伝えずに働くという実情があります。障害をオープンにできないことは、障害への配慮の機会を失います。
　一見、障害がないように見えても、もしかしたらその人が内部障害を抱えているかもしれません。公表しづらいと考えている内部障害のある人への配慮を行う意味でも、1人ひとりの苦手なことや困っていることに耳を傾けられる職場環境を、日常的に整えておくことは大切です。

［東奈央］

6 ｜ 知的障害とは

　知的障害とは、知的機能の発達の遅れによって、社会生活に困難が生まれていて、特別の援助や配慮が必要な状態をいいます。福祉用語では知的障害、医学用語では精神遅滞といい、両者はほぼ同じ意味で使われます。

知的障害の状態

　福祉用語でいう知的障害の診断基準は、おおむね、一般的に18歳までに同年齢の人と比べて知的機能の発達に明らかな遅れがあること、IQが70以下など知的能力が低いこと、社会適応能力が低く日常生活・社会生活に困難が生じていること、の３つとされ、その度合いによって分類されます。軽度の知的障害のある人の場合、外見からは知的障害があることが判別できないこともあります。知的障害といっても、その内容や度合いはさまざまで、できることやできないことはそれぞれ違います。療育手帳（地域によっては愛の手帳など、呼び方が違います）をもっている人とそうでない人がいます。

職場での配慮

　知的障害のある人と一緒に働くときには、主に次の５つのことを、職場の状況に合わせて行いましょう。

　１つ目は、仕事のやり方や相談ができる担当者を決めることです。「困ったら、周りの人に聞いて」というように指示するだけでは、とくに知的障害のある人の場合は、どうしてよいかわからなくなり、パニックに陥ってしまうことがあります。新入社員のチューター制度のように、１人ひとり担当者が決まっていると、「まずは、その人に話せばいい」という安心感が高まります。

2つ目は、仕事の習熟度に応じて、仕事量を徐々に増やしていくことです。任せられる仕事が増えることは、自分が認められているという自信につながります。ただし、習熟度の見極めが不十分なために本人に過度の負担がかかってしまうと、かえって精神的な負担となり、仕事に対する自信を失ってしまいます。この見極めは、本人やジョブコーチなどとも相談しながら、慎重に進めましょう。

　3つ目は、わかりやすい言葉や図表などを使った業務マニュアルを作成することです。業務の手順を1つずつ簡潔かつ具体的に示すことで、知的障害のある人への指示がスムーズになります。障害のない人が、難しい言葉があったり長かったりする文章を読むのが大変なのと同じで、相手に伝わるようにわかりやすくまとめることが必要です。それにより、知的障害のある人に限らず、初めてその仕事をする障害のない人も、すぐに仕事ができるという効果も生まれます。

　4つ目は、出退勤時刻、休暇、休憩に関しては、本人の体調に十分配慮した上で調整することです。知的障害の影響によって、本人が理解できないようなことが重なると、パニックや発作を起こす人もいます。そのような事態を未然に防ぐためにも、体調を踏まえた働き方を考えることは重要です。

　5つ目は、本人のプライバシーに配慮した上で、他の従業員に対して、障害の内容や必要な配慮などを説明することです。知的障害のある人に接したことがないという障害のない人も、職場には多くいます。一緒に働いていく上で、一般的な知的障害のある人に関してというよりも、その人に関する特徴を伝えることで、仕事が進めやすくなります。

〔関哉直人〕

7 | 発達障害とは

　発達障害とは、いくつかの障害を総称して使われる言葉です。具体的には、自閉症、アスペルガー症候群、注意欠如・多動性障害（AD/HD）、学習障害（LD）、チック障害などがあります。発達障害者支援法によれば、「自閉症、アスペルガー症候群、その他の広汎性発達障害、学習障害、注意欠陥多動性障害その他これに類する脳機能の障害であってその症状が通常低学年において発現するものとして政令で定めるもの」とされています。

　発達障害は病気ではなく、薬で完治するものではありません。脳の機能に障害があることが原因だといわれています。一部の誤解や偏見では、「育て方が悪い」、「わがまま」といわれることもありますが、これは明らかな間違いです。

判断が難しく、二次障害の危険も

　発達障害は、個人差が大きく、同じ障害名であっても特徴は大きく違います。また、知的障害や精神障害など、他の障害をあわせもっている場合とそうでない場合もあります。

　共通している点として、社会性の障害、コミュニケーション上の障害、想像力の乏しさ、興味や行動の偏りやこだわり、五感の感覚機能が鈍感、などがあげられますが、それぞれ特性や度合いも異なり、一律に考えることはできません。本人の特徴や得意分野も異なるので、1人ひとりに向き合って対応することが必要です。

　症状があらわれてくるのは、幼少期（早い場合では1歳で症状が出ることもあります）で、目が合わせられない、他の子どもに関心がない、などの様子が見られることがあります。多くの子どもの場合、こうした対人関係に関するスキルは次第に成長しますが、発達障害

のある子どもの場合、年齢とともに解決しづらいという特徴があります。症状を発見することは簡単ではありませんが、保育所や幼稚園で1人遊びが多く集団行動が苦手など、人とのかかわり方が独特なことがあり、そうした状況からわかる場合もあります。

　また、発達障害が早い段階でわかったことで、幼少期から教育や社会生活の面で配慮を受けて育った人もいれば、障害が見過ごされて成人しているケースも多いです。学習能力には問題がない学歴の高い人でも、障害が原因で思春期や青年期に対人関係がうまくいかなかったり、就職活動で壁にぶつかったりすることもあります。そうした失敗体験から、悲観的な気持ちになり、不安やうつ症状などの精神障害を二次的に併発する場合もあります。

主な障害の例
　ここからは、発達障害の中でも代表的な3つの障害について見ていきます。
　1つ目は、自閉症スペクトラムです。自閉症、アスペルガー症候群、その他の広汎性発達障害を含むものです。
　自閉症は、対人関係に困難を抱えていたり、コミュニケーションに困難を抱えていたり、興味や行動に偏りやこだわりがあったりするという症状が典型的です。知的障害が同時にある人とない人がいます。また、高い芸術的センスや数字に関する記憶力など、ずば抜けた能力をもつ人もいます。以前は、「自閉症」と呼ばれる人は人口の約0.2％いるとされていましたが、近年では、軽い症状を含めると、約1～2％の割合でいるとされています。
　2つ目は、注意欠如・多動性障害（AD/HD）です。年齢に見合わない多動性や衝動性があったり、注意力がなかったり、これらの両方の症状をもっていたりする傾向があります。幼少期に発見されて

も、年齢とともに症状が落ち着いていくこともあります。前頭前野を含む脳の働きに偏りがあると考えられています。同じミスを繰り返す、片づけられない、などの特性がある人は、実はAD/HDだったということがよくあります。周囲は、何かを無理に押しつけることを避け、苦手な仕事は他の人に任せ、本人には得意な仕事を担当してもらうなどの配慮をするとよいでしょう。

　3つ目は、学習障害（LD）です。全般的な知的発達には問題がないのに、読む、書く、計算する、などの特定の事柄のみが極端に苦手な人です。たとえば、国語的能力は非常に優れているのに、数学的思考がまったくできない、またその逆など、知的障害とはまた別の脳のバランスによる障害です。文字の読み書きに著しい困難を抱えるディスレクシア（読字障害）として、小学校の段階で判明することもあるとされています。

　発達障害のある人は、配慮を受けることができれば、問題なく働くことができる場合もあります。本人の能力に応じた仕事を担当してもらうとよいでしょう。

［東奈央］

8　精神障害とは

　精神障害とは、心理状態や行動の仕方が症状となって、継続的に日常生活や社会生活に影響を受けている状態をいいます。精神障害のある人は約320万人いるといわれていて、人口の2～3％にあたります。精神科や心療内科に通院していないなど、厚生労働省が把握できていない人もいるので、実際はさらに多くいます。

精神障害の原因
　精神障害の原因は不明です。育った環境や家族関係などの環境的要因、ストレスなどの心因的要因などが、複雑に関係するといわれています。同じ環境で育っても、発症する兄弟と発症しない兄弟がいることは多いですし、近しい親族に精神障害のある人がいなくても発症することもあります。環境やストレスから、本人の力では逃れることができない状況に陥ってしまい、精神障害に追い込まれて発症する人も多くいます。誰でも、環境やストレスによって、精神障害をもつ可能性があるのです。

精神障害の症状
　発症後の病名や症状もさまざまです。代表的なものとして、よく耳にするうつ病は、気分障害の1つです。気分がひどく落ち込んで、気力・意欲がなくなり、「死にたい」という思いにとらわれるといった症状になります。双極性障害は、うつ状態と、活動的なそう状態を繰り返す症状です。統合失調症は、さまざまな情報や刺激に過敏になり、脳がそのような情報をまとめることができなくなる症状です。感情が乏しくなる、意欲がなくなるなどの陰性症状や、幻聴、幻覚といった陽性症状が典型的ですが、そのすべての症状が出る人

もいれば、被害妄想だけが出る人もいて、人それぞれに症状の内容も度合いも違います。

これらの症状は、いずれも、本人の努力や心の持ちようではどうにもならないため、本人にとってはつらいものです。

服薬と副作用

このような症状に対応するために、精神障害のある人の多くは、薬を服用しています。しかし、薬には副作用があります。気分の高揚を抑える薬を服用することで、逆に気力が出なくなる、集中力が続かなくなる、眠たくなる、ということが起こる場合もあります。他にも、イライラする、じっとしていられない、視線が定まらない、といったさまざまな症状が副作用として出ることがあります。

それまで症状が落ち着いていた人でも、薬を変更したり、量を変えたりすることで、症状が不安定になる場合もあります。身だしなみが汚らしくなった、指示に対応しなくなったという、副作用とは関係がないように見えることも、薬で脳の働きを抑制した結果、細かい事柄への配慮や、記憶力が低下したために起きていることがあります。職場の精神障害のある人の様子が変わった場合には、薬の服薬に変わりがあったかを聞いてみることも、状態を理解する1つのヒントになります。

薬の変更があった場合には、できれば事前に教えてもらうようにしておくと、症状が悪化した場合に職場で受け止めやすいでしょう。

精神障害は、一度発症すると症状が緩和することはあっても、完治することはないといわれています。糖尿病や高血圧のように、服薬・通院をしながら、自分の心や体の調子と向き合って生活していくことになります。

職場での配慮

　精神障害のある人と一緒に働くときには、まず、その人の症状を把握することです。本人から自分の障害や症状について説明してもらうようにお願いしましょう。どれだけ本人が自分の障害を客観的に把握できているかは、周囲の人が本人と付き合っていく上で大きなポイントになります。どういった症状が出ることがあるのか、どのようなことに気をつけたらよいのかを聞き取りながら、本人と本人の障害を理解し、コミュニケーションを図ることが大切です。

　本人からの説明ではわかりにくい箇所があった場合や、本人の症状が悪化していて本人から説明が受けられない場合には、主治医や支援者から情報を得ることも考えましょう。このとき、主治医や支援者は、職場の状況のすべてはわからないので、まずは職場でどのような症状やトラブルが起きているかを説明した上で、そのために必要な対応についてのアドバイスをもらいます。ただし、本人の同意なく本人に関する情報を話すことはできないので、できれば採用時に、主治医や支援者に連絡を取る場合があるということについて、同意を得ておくとよいでしょう。

　また、本人の障害の症状を把握するとともに重要なことは、障害のない従業員が精神障害について間違った理解をしないことです。

　メディアでさまざまな事件が報道されるとき、「犯人には精神科への通院歴があった」などと、精神障害のある人が犯罪者のように扱われることがあります。そのため、「危険だ」、「狂っている」といったイメージが広がり、そのことが精神障害のある人が障害を人に伝えることをためらったり、自らが精神障害であることを受け止めることを困難にしてしまったりということを生んでいます。

　職場の中で精神障害に対する偏見や抵抗感があると、精神障害のある人と他の障害のない従業員の間のコミュニケーションが進まな

いでしょう。そのような職場では、結果として、精神障害のある人が疎外感や孤独感を感じ、症状を悪化させてしまうことがあります。

　精神障害のある人の犯罪率は、精神障害のない人の約3分の1であり、精神障害と犯罪には何の関連性もありません。精神障害のある人への誤った考えが、本人を苦しめることのないように、職場でも正しい理解を広めるように努めましょう。　　　［柳原由以］

9 ｜ 難病に由来する障害とは

　難病とは、一言で定義することが難しいものです。治療方法が確立していなくて、治りにくい病気の総称を、難病と呼ぶことが多いです。

治りにくい病気
　難病にあたるかは、医学の発展や社会状況によっても変化することがあります。かつては結核やハンセン病も治りにくい病気と考えられていましたが、治療法が発見されたことで、現代ではいわゆる難病とは考えられていません。このように、効果のある治療薬が開発されるなど、治療法が確立すれば難病ではなくなる可能性もあります。

　難病法では、難病を、「発病の機構が明らかでなく、かつ、治療方法が確立していない希少な疾病であって、当該疾病にかかることにより長期にわたり療養を必要とすることとなるもの」と定義しています。つまり「希少」であることが条件とされています。しかし、患者の数が少なくなくても、治療法が確立していない病気はいくつもあります。

　世界で確認されている難病の数は、約5000あるといわれています。日本では、治療費免除や福祉サービスの対象となる疾患の数は、病名が基準になるため、非常に限られています。たとえ症状が重くても、その病名に該当しなければ、支援が受けられずに高額の治療費がかかってしまっている人もいます。

従来の制度が使いにくい
　難病をもつ人も、病気やそれに伴う制約によって、生活する上で

の苦悩を抱えています。最近、ようやく、難病をもつ人が障害者基本法の「障害者」にあたるとされたものの、障害者福祉制度は難病をもつ人にとって、利用しやすいものではないのが課題です。たとえば、難病をもつ人のための独自の障害者手帳はありません。病気に由来する身体機能や精神的な苦痛をきっかけに、身体障害や精神障害と認定されれば、それらの障害者手帳を取得することはできますが、その数は多くなく、障害者手帳をもたない人が多いのが現状です。

職場での配慮

　難病をもつ人も、病気の種類や度合い、治療の状況によって、十分に働くことができることがあります。また、薬を飲んで症状を抑えているだけであり、外見上は障害のない人と変わらないため、障害のない人と同じように働く道を選んでいることもあります。そして、病気による差別や偏見を恐れて、病気をオープンにせずに働いている人も非常に多いのが現実です。内部障害のある人（**第7章5参照**）と同様に、一見、障害がないように見えても、もしかしたらその人が、難病をもつ人かもしれません。

　ただし、難病をもつ人には、治療と通院が必要です。特定の専門病院へ通院しなければならない人もいれば、冷蔵保存を要する特殊な治療薬を利用している人もいます。症状が重くなれば入院などが必要な場合もあります。

　職場では、難病をもつ人の健康状態への配慮や、体調や通院に合わせた勤務時間の調整、休職制度の見直しなど、安心して働ける環境を提供できるように、本人の意向を聞いた上で対応することが大切です。

［東奈央］

10 高次脳機能障害とは

　高次脳機能障害とは、脳の損傷により、注意障害、記憶障害、遂行機能障害、または社会的行動障害などの認知障害が生じ、その障害が厚生労働省の定めた診断基準に該当する状態をいいます。
　高次脳機能障害がよく問題となるのは、交通事故や脳梗塞によって、脳に損傷を受けた場合に、「人が変わってしまった」、「物忘れがひどくなった」、「怠けものになった」といわれるようなケースです。これらの症状は、脳の損傷で脳機能に障害が生じたことによるものだとされています。

高次脳機能障害の症状

　高次脳機能障害の症状としては、主に次の4つのような症状が認められます。
　1つ目は、注意障害です。集中力や注意力を保つことが難しくなる他、外的な刺激に応じて注意を切り替えたり、複数のものから特定の対象を選択してその対象に注意を集中することが難しくなったりします。
　2つ目は、記憶障害です。物忘れや、新しいことを記憶できなくなることによって、同じことを何度も尋ねるなどの症状が出てきます。
　3つ目は、遂行機能障害です。自分で物事を順序立てて実行することが難しくなったりできなくなったり、順序立てて物事を考えることが難しくなったりします。
　4つ目は、自己認識障害です。自分が障害をもっているという認識がうまくできなくなります。
　高次脳機能障害といっても、これらすべてがあらわれるわけでは

なく、注意障害が顕著な人、記憶障害が顕著な人、複数の障害のある人などがいます。症状の度合いも、1人では社会生活が困難な人から、仕事を続けられる人までさまざまです。

職場での配慮

　高次脳機能障害をもって仕事を続けていく人は、比較的、これまでの経験や記憶を生かせる仕事が得意というケースが多いです。そのため、これまでの経験をもとにした仕事や会話はスムーズにできるので、企業はそれ以外の仕事もできるだろうと期待して仕事を頼むでしょう。しかし、新たな仕事は、高次脳機能障害の影響でまったくできず、周りから見ると「甘えている」、「サボっている」と見えてしまうことがあります。これまで当たり前にできていた複数人との会話や同時並行作業、集中力の持続ができないことは、「それまでできていた」記憶や経験があるゆえに、本人を苦しめ、ときにうつ病や適応障害を引き起こしてしまう場合もあります。「できて当たり前の仕事ができない」苦しさは、本人も痛感しているので、一方的に非難することなく、どういった点が難しいのか、本人の障害とそれによる困りごとを共有するようにしましょう。

　また、本人は、何が原因でできないのかわからず、混乱することもあります。そのようなときには、周りの人が、作業をフローチャートのように図式化したり、一連の作業を小分けにして1つずつ頼んだりといった配慮をすることで、作業が進められるようになります。「どうしてできないの？」と聞くと、本人もうまく説明できないとともに、本人を追い詰めることになります。ですから、「これならできる？」と尋ねて、できることを探していくと、うまく仕事を進めてもらえるでしょう。

〔柳原由以〕

11 　性同一性障害とは

　性同一性障害とは、生物学的な性（体の性）と、性の自己認識（心の性）が一致しないため、社会生活に支障をきたす状態をいいます。具体的には、生物学的には男性であるにもかかわらず、自分の体つきや生殖器に強い違和感や不快感を覚え、自分は女性であるないしは女性になりたいと強く望むような状況、生物学的には女性の場合には、その逆の状況のことです。

　性同一性障害については、性同一性障害者特例法によって、法律上も性別を変更できるようになり、現在は、心の性で結婚し、家族をもつ人もたくさんいます。法律上の性別を変更した人は、5000人を超えていますが、法律上の性別変更のためには、未成年の子どもがいないことや外科手術を受けることなど厳格な条件があります。そのため、この人数は、実際の性同一性障害のある人の一部にすぎません。

性同一性障害のある人と他のセクシュアル・マイノリティ

　性同一性障害は、生物学的には性別がはっきりしていることを前提としており、性染色体に異常があるような場合や性ホルモンに非典型的な特徴がある場合などの性分化疾患とは区別されます。

　また、同性愛者とも異なるものです。近年、LGBT（レズビアン・ゲイ・バイセクシャル・トランスジェンダー）という言葉が、セクシュアル・マイノリティに対して使われており、性同一性障害のある人が同性愛者と同じだと一般的に考えられることもあります。しかし、性同一性障害のある人の多くは、心の性と異なる性別を恋愛対象としており、異性愛者です。ちなみに、性同一性障害は、LGBTの中では、トランスジェンダーに含まれます。

性同一性障害の症状

性同一性障害のある人は、幼少期から自分の体に違和感や不快感をもち、乳房のふくらみや月経の開始、精通などの第二次性徴が始まってほしくないと考える人が多くいます。しかし、学校や社会で、性別による服装や振る舞いが要求・期待される場面が多いため、自分の心の性について周囲にカミングアウトしにくいのが実情です。何とか体の性に一致させて生きようと心の性を抑えるものの、あるとき、少しずつ水がたまってきたコップから水が溢れ出すように、心の性と異なる性別で生きていくことが耐えられなくなり、心の性で生きようと決意する人も多くいます。

職場での配慮

今まで女性や男性だと思っていた同僚が、あるとき突然、体の性とは異なる性として扱ってほしいといったら、職場はびっくりするでしょう。しかし、多くの人がとくに違和感なく受け入れる自分の性別に、性同一性障害のある人はずっと違和感や不快感をもっています。その人が職場にカミングアウトするときは、もうこれ以上自分の気持ちを抑えて偽ることができないまでに追い込まれた状態です。性別にかかわらず、本人が本人であることに変わりはないので、性別が変わることによって、仕事に現実的な支障が出ることは、ほとんどの場合は考えられません。職場として何ができるのか、何が必要なのかを、まずは本人と話し合いましょう。とくに、トイレや更衣室や制服といった体の性による違いが明確なものや、取引先への対応は、重要になります。

性同一性障害は「障害」か

ところで、性同一性障害は、「障害」なのでしょうか。

性同一性障害は、あくまで体の性と心の性が一致していることを前提とする社会に合わないだけです。社会が「体が男なら心も男」、「体が女なら心も女」という以外の多様な性の形を認めるようになることで、性同一性障害は社会的に「異質なもの」ではなくなります。そのため、性同一性障害は、性自認の１つの形であり、機能障害のように「健常とされる状態と異なるもの」ではないといわれることがあります。

　ただ、このことは、性同一性障害だけにあてはまるものではないのではないでしょうか。社会的な「普通」、「普通とは違う」とは、どのように決まるのでしょうか。うつ病であれ、統合失調症であれ、発達障害であれ、知的障害であれ、そのような多様な人々の存在が前提として社会が成り立っていて、障害のある人が社会の中で障害が原因となる困難に直面することがなくなるならば、今は障害や病気だとされているものも、性格や個性と考えられるようになっていくでしょう。

　今は障害のない人でも、誰もが障害をもつ可能性があります。もし、現在の障害や病気とされているものが自然に受け入れられる職場や社会になっていけば、その方が誰にとっても幸せで暮らしやすいということは、いうまでもありません。　　　　　　［柳原由以］

附　録　専門機関一覧

　附録として、ここまでに登場した専門機関のうち、障害者雇用のあらゆる場面でサポートをしてもらえる、地域障害者職業センターと障害者就業・生活支援センターの一覧を掲載しました。

　地域障害者職業センターは、ハローワークや地域のあらゆる機関と連携しながら、障害のある人や企業に対して、職業評価、職業指導、就職後のアフターケアなどの職業リハビリテーションを専門的・総合的に行っている機関です。独立行政法人の高齢・障害・求職者雇用支援機構によって、各都道府県に1か所以上設置されています。

　障害者就業・生活支援センターは、障害のある人の職業生活の中での自立をサポートするために、就職活動や職場への定着を目的として、地域の福祉分野や教育分野などの機関と連携しながら、障害のある人の身近な地域で、就業と生活の両面に対する包括的な支援を行っている機関です。都道府県知事が指定する社会福祉法人やNPOなどが運営しています。

　新卒社員の採用と既卒社員の採用との間にも、採用計画から職場での定着に至るまでの段階に、さまざまな配慮の違いがあるように、障害者雇用にも独自の進め方があります。障害のある人のことを知り、より長く職場で働いてもらうためにも、これらの機関を積極的に活用するのも1つの方法です。

全国の地域障害者職業センター

都道府県	センター名	住所	電話番号
北海道	北海道障害者職業センター	〒001-0024 札幌市北区北二十四条西5-1-1 札幌サンプラザ5階	011-747-8231
	北海道障害者職業センター旭川支所	〒070-0034 旭川市四条通8丁目右1号 ツジビル5階	0166-26-8231
青森県	青森障害者職業センター	〒030-0845 青森市緑2-17-2	017-774-7123
岩手県	岩手障害者職業センター	〒020-0133 盛岡市青山4-12-30	019-646-4117
宮城県	宮城障害者職業センター	〒983-0836 仙台市宮城野区幸町4-6-1	022-257-5601
秋田県	秋田障害者職業センター	〒010-0944 秋田市川尻若葉町4-48	018-864-3608
山形県	山形障害者職業センター	〒990-0021 山形市小白川町2-3-68	023-624-2102
福島県	福島障害者職業センター	〒960-8135 福島市腰浜町23-28	024-522-2230
茨城県	茨城障害者職業センター	〒309-1703 笠間市鯉淵6528-66	0296-77-7373
栃木県	栃木障害者職業センター	〒320-0865 宇都宮市睦町3-8	028-637-3216
群馬県	群馬障害者職業センター	〒379-2154 前橋市天川大島町130-1	027-290-2540
埼玉県	埼玉障害者職業センター	〒338-0825 さいたま市桜区下大久保136-1	048-854-3222
千葉県	千葉障害者職業センター	〒261-0001 千葉市美浜区幸町1-1-3	043-204-2080

都道府県	センター名	住所	電話番号
東京都	東京障害者職業センター	〒110-0015 台東区東上野4-27-3 上野トーセイビル3階	03-6673-3938
	東京障害者職業センター多摩支所	〒190-0012 立川市曙町2-38-5 立川ビジネスセンタービル5階	042-529-3341
神奈川県	神奈川障害者職業センター	〒252-0315 相模原市南区桜台13-1	042-745-3131
新潟県	新潟障害者職業センター	〒950-0067 新潟市東区大山2-13-1	025-271-0333
富山県	富山障害者職業センター	〒930-0004 富山市桜橋通り1-18 北日本桜橋ビル7階	076-413-5515
石川県	石川障害者職業センター	〒920-0856 金沢市昭和町16-1 ヴィサージュ1階	076-225-5011
福井県	福井障害者職業センター	〒910-0026 福井市光陽2-3-32	0776-25-3685
山梨県	山梨障害者職業センター	〒400-0864 甲府市湯田2-17-14	055-232-7069
長野県	長野障害者職業センター	〒380-0935 長野市中御所3-2-4	026-227-9774
岐阜県	岐阜障害者職業センター	〒502-0933 岐阜市日光町6-30	058-231-1222
静岡県	静岡障害者職業センター	〒420-0851 静岡市葵区黒金町59-6 大同生命静岡ビル7階	054-652-3322
愛知県	愛知障害者職業センター	〒453-0015 名古屋市中村区椿町1-16 井門名古屋ビル4階	052-452-3541
	愛知障害者職業センター豊橋支所	〒440-0888 豊橋市駅前大通り1-27 MUS豊橋ビル6階	0532-56-3861
三重県	三重障害者職業センター	〒514-0002 津市島崎町327-1	059-224-4726

都道府県	センター名	住所	電話番号
滋賀県	滋賀障害者職業センター	〒525-0027 草津市野村2-20-5	077-564-1641
京都府	京都障害者職業センター	〒600-8235 京都市下京区西洞院通塩小路下ル東油小路町803	075-341-2666
大阪府	大阪障害者職業センター	〒541-0056 大阪市中央区久太郎町2-4-11 クラボウアネックスビル4階	06-6261-7005
	大阪障害者職業センター南大阪支所	〒591-8025 堺市北区長曽根町130-23 堺商工会議所5階	072-258-7137
兵庫県	兵庫障害者職業センター	〒657-0833 神戸市灘区大内通5-2-2	078-881-6776
奈良県	奈良障害者職業センター	〒630-8014 奈良市四条大路4-2-4	0742-34-5335
和歌山県	和歌山障害者職業センター	〒640-8323 和歌山市太田130-3	073-472-3233
鳥取県	鳥取障害者職業センター	〒680-0842 鳥取市吉方189	0857-22-0260
島根県	島根障害者職業センター	〒690-0877 松江市春日町532	0852-21-0900
岡山県	岡山障害者職業センター	〒700-0821 岡山市北区中山下1-8-45 NTTクレド岡山ビル17階	086-235-0830
広島県	広島障害者職業センター	〒732-0052 広島市東区光町2-15-55	082-263-7080
山口県	山口障害者職業センター	〒747-0803 防府市岡村町3-1	0835-21-0520
徳島県	徳島障害者職業センター	〒770-0823 徳島市出来島本町1-5	088-611-8111
香川県	香川障害者職業センター	〒760-0055 高松市観光通2-5-20	087-861-6868

都道府県	センター名	住所	電話番号
愛媛県	愛媛障害者職業センター	〒790-0808 松山市若草町7-2	089-921-1213
高知県	高知障害者職業センター	〒781-5102 高知市大津甲770-3	088-866-2111
福岡県	福岡障害者職業センター	〒810-0042 福岡市中央区赤坂1-6-19 ワークプラザ赤坂5階	092-752-5801
	福岡障害者職業センター北九州支所	〒802-0066 北九州市小倉北区萩崎町1-27	093-941-8521
佐賀県	佐賀障害者職業センター	〒840-0851 佐賀市天祐1-8-5	0952-24-8030
長崎県	長崎障害者職業センター	〒852-8104 長崎市茂里町3-26	095-844-3431
熊本県	熊本障害者職業センター	〒862-0971 熊本市中央区大江6-1-38-4階	096-371-8333
大分県	大分障害者職業センター	〒874-0905 別府市上野口町3088-170	0977-25-9035
宮崎県	宮崎障害者職業センター	〒880-0014 宮崎市鶴島2-14-17	0985-26-5226
鹿児島県	鹿児島障害者職業センター	〒890-0063 鹿児島市鴨池2-30-10	099-257-9240
沖縄県	沖縄障害者職業センター	〒900-0006 那覇市おもろまち1-3-25 沖縄職業総合庁舎5階	098-861-1254

出典：独立行政法人高齢・障害・求職者雇用支援機構ウェブサイト（http://www.jeed.or.jp/location/chiiki/index.html）。

全国の障害者就業・生活支援センター（2015年10月13日現在）

都道府県	センター名	住所	電話番号
北海道	札幌障がい者就業・生活支援センター　たすく	〒060-0807 札幌市北区北7条西1-1-18 丸増ビル301号室	011-728-2000
	小樽後志地域障がい者就業・生活支援センター　ひろば	〒047-0024 小樽市花園2-6-7 プラムビル3階	0134-31-3636
	道南しょうがい者就業・生活支援センター　すてっぷ	〒041-0802 函館市石川町41-3	0138-34-7177
	くしろ・ねむろ障がい者就業・生活支援センター　ぶれん	〒085-0006 釧路市双葉町17-18	0154-65-6500
	十勝障害者就業・生活支援センター　だいち	〒080-0016 帯広市西6条南6-3 ソネビル2階	0155-24-8989
	空知しょうがい者就業・生活支援センター　ひびき	〒072-0017 美唄市東6条南1-5-1	0126-66-1077
	オホーツク障害者就業・生活支援センター　あおぞら	〒090-0040 北見市大通西2-1 まちきた大通ビル5階	0157-69-0088
	上川中南部障害者就業・生活支援センター　きたのまち	〒078-8329 旭川市宮前通東4155-30 おぴった1階	0166-38-1001
	胆振日高障がい者就業・生活支援センター　すて〜じ	〒052-0014 伊達市舟岡町334-9 あい・ぷらざ1階	0142-82-3930
	石狩障がい者就業・生活支援センター　のいける	〒061-3282 石狩市花畔2条1丁目9-1 北ガスプラザ石狩2階	0133-76-6767
	道北障害者就業・生活支援センター　いきぬき	〒096-0011 名寄市西1条南7丁目 角舘商会ビル3階	01654-2-6168
青森県	津軽障害者就業・生活支援センター	〒036-1321 弘前市大字熊嶋字亀田184-1	0172-82-4524
	青森藤チャレンジド就業・生活支援センター	〒030-0841 青森市奥野2-25-9	017-722-3013

都道府県	センター名	住所	電話番号
青森県	障害者就業・生活支援センターみなと	〒031-0041 八戸市廿三日町18	0178-44-0201
	障害者就業・生活支援センター月見野	〒038-2816 つがる市森田町森田月見野473-2	0173-26-4242
	障害者就業・生活支援センターみさわ	〒033-0052 三沢市本町1-62-9	0176-27-6738
	障がい者就業・生活支援センターしもきた	〒035-0076 むつ市旭町2-2	0175-31-1020
岩手県	胆江障害者就業・生活支援センター	〒023-0825 奥州市水沢区台町6-28	0197-51-6306
	宮古地区チャレンジド就業・生活支援センター	〒027-0073 宮古市緑ヶ丘2-3 はあとふるセンターみやこ内	0193-71-1245
	盛岡広域障害者就業・生活支援センター	〒020-0015 盛岡市本町通3-19-1 岩手県福祉総合相談センター2階	019-605-8822
	一関広域障害者就業・生活支援センター	〒029-0131 一関市狐禅寺字石の瀬61-3	0191-34-9100
	久慈地区チャレンジド就業・生活支援センター	〒028-0061 久慈市中央4-34	0194-66-8585
	岩手中部障がい者就業・生活支援センターしごとネットさくら	〒024-0094 北上市本通り2-1-10	0197-63-5791
	二戸圏域チャレンジド就業・生活支援センターカシオペア	〒028-6103 二戸市石切所字川原28-7	0195-26-8012
	気仙障がい者就業・生活支援センター	〒022-0003 大船渡市盛町字東町11-12	0192-27-0833
	釜石大槌地域障がい者就業・生活支援センターキックオフ	〒026-0032 釜石市千鳥町1-12-2 第1コーポチスガ1階	0193-55-4181

都道府県	センター名	住所	電話番号
宮城県	石巻地域就業・生活支援センター	〒986-0861 石巻市蛇田字小斎24-1 コスモス内	0225-95-6424
	県北地域福祉サービスセンター 障害者就業・生活支援センター Link	〒989-6162 大崎市古川駅前大通1-5-18 ふるさとプラザ2階	0229-21-0266
	県南障害者就業・生活支援センター コノコノ	〒989-0225 白石市東町2-2-33	0224-25-7303
	障害者就業・生活支援センター わ〜く	〒983-0014 仙台市宮城野区高砂1-154-10	022-353-5505
	障害者就業・生活支援センター ゆい	〒987-0511 登米市迫町佐沼字中江1-10-4	0220-21-1011
	障害者就業・生活支援センター かなえ	〒988-0044 気仙沼市神山5-3	0226-24-5162
	くりはら障がい者就業・生活支援センター あしすと	〒987-2252 栗原市築館薬師4-4-17	0228-24-9188
秋田県	秋田県南障害者就業・生活支援センター	〒014-0043 大仙市大曲戸巻町2-68	0187-88-8713
	ウェルビューいずみ 障害者就業・生活支援センター	〒010-0817 秋田市泉菅野2-17-27	018-896-7088
	秋田県北障害者就業・生活支援センター	〒017-0845 大館市泉町9-19	0186-57-8225
	秋田県能代山本 障害者就業・生活支援センター	〒016-0873 能代市字長崎42-1	0185-88-8296
	由利本荘・にかほ圏域 就業・生活支援センター E-SUPPORT	〒018-0604 由利本荘市西目町 沼田字新道下2-415	0184-44-8578
	湯沢雄勝 障害者就業・生活支援センター ぱあとなあ	〒012-0036 湯沢市両神15-1	0183-55-8650

都道府県	センター名	住所	電話番号
秋田県	ネット横手障害者就業・生活支援センター	〒013-0068 横手市梅の木町8-5	0182-23-6281
山形県	置賜障害者就業・生活支援センター	〒993-0016 長井市台町4-24	0238-88-5357
	村山障害者就業・生活支援センタージョブサポートぱる	〒990-0861 山形市江俣1-9-26	023-682-0210
	庄内障害者就業・生活支援センターサポートセンターかでる	〒998-0865 酒田市北新橋1-1-18	0234-24-1236
	最上障害者就業・生活支援センター	〒996-0085 新庄市堀端町8-3	0233-23-4528
福島県	いわき障害者就業・生活支援センター	〒970-8026 いわき市平字堂ノ前2	0246-24-1588
	県中地域障害者就業・生活支援センター	〒963-8835 郡山市小原田2-4-7	024-941-0570
	会津障害者就業・生活支援センターふろんてぃあ	〒965-0006 会津若松市一箕町 大字鶴賀字下柳原88-4	0242-85-6592
	相双障害者就業・生活支援センター	〒976-0032 南相馬市原町区桜井町1-77-2	0244-24-3553
	県南障がい者就業・生活支援センター	〒961-0957 白河市道場小路91-5 第6大成プラザ1階	0248-23-8031
	県北障害者就業・生活支援センター	〒960-8164 福島市八木田字並柳41-5	024-529-6800
茨城県	水戸地区障害者就業・生活支援センター	〒311-4153 水戸市河和田町123-1	029-309-6630
	障害者就業・生活支援センターなかま	〒308-0811 筑西市茂田1740	0296-22-5532
	障害者就業・生活支援センターかい	〒315-0005 石岡市鹿の子4-16-52	0299-22-3215

全国の障害者就業・生活支援センター

都道府県	センター名	住所	電話番号
茨城県	障害者就業・生活支援センターかすみ	〒300-0053 土浦市真鍋新町1-14	029-827-1104
	かしま障害者就業・生活支援センターまつぼっくり	〒314-0016 鹿嶋市国末1539-1	0299-82-6475
	つくばLSC障害者就業・生活支援センター	〒305-0882 つくば市みどりの中央B23-1	029-847-8000
	障がい者就業・生活支援センターKUINA	〒312-0004 ひたちなか市長砂1561-4	029-202-0777
	障害者就業・生活支援センター慈光倶楽部	〒306-0504 坂東市生子1617	0280-88-7690
	障害者就業・生活支援センターまゆみ	〒316-0003 日立市多賀町1-3-6	0294-36-2878
栃木県	県南圏域障害者就業・生活支援センターめーぷる	〒321-0201 下都賀郡壬生町大字安塚2032	0282-86-8917
	両毛圏域障害者就業・生活支援センター	〒326-0032 足利市真砂町1-1 栃木県安足健康福祉センター内	0284-44-2268
	県北圏域障害者就業・生活支援センターふれあい	〒329-1312 さくら市桜野1270	028-681-6633
	県東圏域障害者就業・生活支援センターチャレンジセンター	〒321-4305 真岡市荒町111-1	0285-85-8451
	県西圏域障害者就業・生活支援センターフィールド	〒322-0007 鹿沼市武子1566 希望の家内	0289-63-0100
	宇都宮圏域障害者就業・生活支援センター	〒321-0905 宇都宮市平出工業団地43-100	028-678-3256
群馬県	障害者就業・生活支援センターエプリィ	〒370-0065 高崎市末広町115-1 高崎市総合福祉センター内	027-361-8666
	障害者就業・生活支援センターわーくさぽーと	〒373-0026 太田市東本町53-20 太田公民館東別館内	0276-57-8400

都道府県	センター名	住所	電話番号
群馬県	障害者就業・生活支援センターみずさわ	〒370-3606 北群馬郡吉岡町上野田3480-1	0279-30-5235
	障害者就業・生活支援センターワークセンターまえばし	〒371-0017 前橋市日吉町2-17-10 前橋市総合福祉会館1階	027-231-7345
	障がい者就業・生活支援センターメルシー	〒372-0001 伊勢崎市波志江町571-1	0270-25-3390
	障害者就業支援センタートータス	〒375-0014 藤岡市下栗須974-10	0274-25-8335
	障がい者就業・生活支援センターさんわ	〒376-0121 桐生市新里町新川3743	0277-74-6981
	障害者就業・生活支援センターコスモス	〒378-0053 沼田市東原新町1801-40 沼田市役所 東原庁舎内	0278-25-4400
埼玉県	障害者就業・生活支援センターZAC	〒355-0013 東松山市小松原町17-19	0493-24-5658
	障害者就業・生活支援センターこだま	〒367-0101 児玉郡美里町大字小茂田756-3	0495-76-0627
	埼葛北障害者就業・生活支援センター	〒346-0011 久喜市青毛753-1 ふれあいセンター久喜内	0480-21-3400
	秩父障がい者就業・生活支援センターキャップ	〒368-0032 秩父市熊木町12-21 さやかサポートセンター内	0494-21-7171
	障害者就業・生活支援センターCSA	〒362-0075 上尾市柏座1-1-15 プラザ館5階	048-767-8991
	障がい者就業・生活支援センター遊谷	〒360-0192 熊谷市江南中央1-1 熊谷市役所江南庁舎 江南行政センター3階	048-598-7669
	障害者就業・生活支援センターかわごえ	〒350-1150 川越市中台南2-17-15 川越親愛センター 相談室内	049-246-5321

都道府県	センター名	住所	電話番号
埼玉県	東部障がい者就業・生活支援センターみらい	〒340-0011 草加市栄町2-1-32 ストーク草加弐番館1階	048-935-6611
	障害者就業・生活支援センターみなみ	〒335-0021 戸田市新曽1993-21 カーサ・フォルテ北戸田1階	048-432-8197
	障害者就業・生活支援センターSWAN	〒352-0017 新座市菅沢1-3-1	048-480-3603
千葉県	障害者就業・生活支援センターあかね園	〒275-0024 習志野市茜浜3-4-6 京葉測量株式会社内	047-452-2718
	障害者就業・生活支援センター千葉障害者キャリアセンター	〒261-0002 千葉市美浜区新港43	043-204-2385
	障害者就業・生活支援センタービック・ハート柏	〒277-0005 柏市柏1-1-11 ファミリかしわ3階	04-7168-3003
	障害者就業・生活支援センター東総就業センター	〒289-2513 旭市野中3825	0479-60-0211
	障害者就業・生活支援センターふる里学舎地域生活支援センター	〒290-0265 市原市今富1110-1	0436-36-7762
	障害者就業・生活支援センター就職するなら明朗塾	〒285-0026 佐倉市鏑木仲田町9-3	043-235-7350
	障害者就業・生活支援センター山武ブリオ	〒299-3211 大網白里市細草3221-4	0475-77-6511
	大久保学園障害者就業・生活支援センター	〒274-0054 船橋市金堀町499-1	047-457-7380
	障害者就業・生活支援センタービック・ハート松戸	〒271-0047 松戸市西馬橋幸町117 ロザール松戸109号室	047-343-8855
	障害者就業・生活支援センターエール	〒292-0067 木更津市中央1-16-12 サンライズ中央1階	0438-42-1201

都道府県	センター名	住所	電話番号
千葉県	障害者就業・生活支援センター中里	〒294-0231 館山市中里291	0470-20-7188
	障害者就業・生活支援センター香取就業センター	〒287-0101 香取市高萩1100-2	0478-79-6923
	障害者就業・生活支援センターピア宮敷	〒299-4505 いすみ市岬町岩熊138-10	0470-87-9631
	障害者就業・生活支援センターいちされん	〒272-0026 市川市東大和田1-2-10 市川市分庁舎C棟内	047-300-8630
	障害者就業・生活支援センターはーとふる	〒278-8550 野田市鶴奉7-1 野田市役所内1階	04-7124-0124
	障害者就業・生活支援センター長生ブリオ	〒297-0012 茂原市六ツ野2796-40	0475-44-4646
東京都	障害者就業・生活支援センターワーキング・トライ	〒174-0072 板橋区南常盤台2-1-7	03-5986-7551
	障害者就業・生活支援センターアイ-キャリア	〒158-0091 世田谷区中町2-21-12 なかまちNPOセンター306号室	03-3705-5803
	障害者就業・生活支援センターオープナー	〒186-0003 国立市富士見台1-17-4	042-577-0079
	就業・生活支援センターWEL'S TOKYO	〒101-0054 千代田区神田錦町3-21 ちよだプラットフォームスクエアCN312	03-5259-8372 070-6524-7014
	障害者就業・生活支援センターTALANT	〒192-0046 八王子市明神町4-5-3 橋捷ビル4階	042-648-3278
	障害者就業・生活支援センターけるん	〒197-0022 福生市本町94-9 山本ビル1階	042-553-6320
神奈川県	障害者支援センターぽけっと	〒250-0851 小田原市曽比1786-1 オークプラザⅡ	0465-39-2007

都道府県	センター名	住所	電話番号
神奈川県	よこすか障害者就業・生活支援センター	〒238-0041 横須賀市本町2-1	046-820-1933
	障がい者就業・生活支援センターサンシティ	〒254-0041 平塚市浅間町2-20	0463-37-1622
	横浜市障害者就業・生活支援センタースタート	〒244-0003 横浜市戸塚区戸塚町4111 吉原ビル2階	045-869-2323
	障害者就業・生活支援センターぽむ	〒243-0401 海老名市東柏ヶ谷3-5-1 ウエルストーン相模野103号室	046-232-2444
	湘南障害者就業・生活支援センター	〒251-0041 藤沢市辻堂神台1-3-39 タカギビル4階	0466-30-1077
	川崎障害者就業・生活支援センター	〒211-0063 川崎市中原区小杉町3-264-3 富士通ユニオンビル3階	044-739-1294
	相模原障害者就業・生活支援センター	〒252-0223 相模原市中央区松が丘1-23-1	042-758-2121
新潟県	障がい者就業・生活支援センターこしじ	〒949-5411 長岡市来迎寺1864	0258-92-5163
	障がい者就業・生活支援センターハート	〒955-0845 三条市西本成寺1-28-8	0256-35-0860
	障がい者就業・生活支援センターアシスト	〒957-0053 新発田市島潟1454	0254-23-1987
	障がい者就業・生活支援センターさくら	〒943-0892 上越市寺町2-20-1 上越市福祉交流プラザ内	025-538-9087
	障がい者就業・生活支援センターらいふあっぷ	〒950-2076 新潟市西区上新栄町3-20-18	025-250-0210
	障がい者就業・生活支援センターあおぞら	〒948-0054 十日町市高山1360-2	025-752-4486
	障がい者就業・生活支援センターあてび	〒952-1204 佐渡市三瀬川382-7	0259-67-7740

都道府県	センター名	住所	電話番号
富山県	富山障害者就業・生活支援センター	〒939-2298 富山市坂本3110 社会福祉法人セーナー苑内	076-467-5093
	高岡障害者就業・生活支援センター	〒933-0935 高岡市博労本町4-1 高岡市ふれあい福祉センター2階	0766-26-4566
	新川障害者就業・生活支援センター	〒939-0633 下新川郡入善町浦山新2208	0765-78-1140
	砺波障害者就業・生活支援センター	〒939-1386 砺波市幸町1-7 富山県砺波総合庁舎内1階	0763-33-1552
石川県	金沢障害者就業・生活支援センター	〒920-0864 金沢市高岡町7-25 金沢市松ヶ枝福祉館内	076-231-0800
	こまつ障害者就業・生活支援センター	〒923-0942 小松市桜木町96-2	0761-48-5780
	さいこうえん障害者就業・生活支援センター	〒926-0045 七尾市袖ヶ江町14-1	0767-52-0517
福井県	福井障害者就業・生活支援センターふっとわーく	〒910-0026 福井市光陽2-3-22 福井県社会福祉センター内	0776-97-5361
	嶺南障害者就業・生活支援センターひびき	〒914-0063 敦賀市神楽町1-3-20	0770-20-1236
山梨県	障害者就業・生活支援センター陽だまり	〒407-0015 韮崎市若宮1-2-50	0551-45-9901
	すみよし障がい者就業・生活支援センター	〒400-0851 甲府市住吉4-7-27 A102	055-221-2133
	障がい者就業・生活支援センターコピット	〒404-0042 甲州市塩山上於曽933-1	0553-39-8181
	障がい者就業・生活支援センターありす	〒403-0017 富士吉田市新西原3-4-20	0555-30-0505

都道府県	センター名	住所	電話番号
長野県	上小地域障害者就業・生活支援センター SHAKE	〒386-0012 上田市中央3-5-1 上田市ふれあい福祉センター2階	0268-27-2039
	松本圏域障害者就業・生活支援センター らいと	〒390-0817 松本市巾上11-20	0263-88-5146
	長野圏域障害者就業・生活支援センター ウィズ	〒380-0935 長野市中御所3-2-1 カネカビル1階	026-214-3737
	飯伊圏域障害者就業・生活支援センター ほっとすまいる	〒395-0024 飯田市東栄町3108-1 さんとぴあ飯田1階	0265-24-3182
	佐久圏域障害者就業・生活支援センター ほーぷ	〒385-0022 佐久市岩村田1880-4	0267-66-3563
	上伊那圏域障害者就業・生活支援センター きらりあ	〒396-0023 伊那市山寺298-1	0265-74-5627
	ほくしん圏域障害者就業・生活支援センター	〒389-2254 飯山市南町19-8 雁木ぷらざ内	0269-62-1344
	諏訪圏域障害者就業・生活支援センター すわーくらいふ	〒392-0027 諏訪市湖岸通り5-18-23	0266-54-7013
	大北圏域障害者就業・生活支援センター	〒398-0002 大町市大字大町1129 大町総合福祉センター内	0261-26-3855
	木曽圏域障害者就業・生活支援センター ともに	〒399-5607 木曽郡上松町大字小川1702 ひのきの里 総合福祉センター内	0264-52-2494
岐阜県	岐阜障がい者就業・生活支援センター	〒500-8314 岐阜市鍵屋西町2-20 多恵第2ビル1階	058-253-1388
	ひだ障がい者就業・生活支援センター ぷりずむ	〒506-0025 高山市天満町4-64-8 第1ビル1階	0577-32-8736
	ひまわりの丘障害者就業・生活支援センター	〒501-3938 関市桐ヶ丘3-2	0575-24-5880

都道府県	センター名	住所	電話番号
岐阜県	西濃障がい者就業・生活支援センター	〒503-2123 不破郡垂井町栗原2066-2	0584-22-5861
	東濃障がい者就業・生活支援センターサテライトt	〒507-0073 多治見市小泉町2-93 ルミナス小泉102号室	0572-26-9721
静岡県	静岡中東遠障害者就業・生活支援センターラック	〒437-0062 袋井市泉町2-10-13	0538-43-0826
	障害者就業・生活支援センターだんだん	〒433-8101 浜松市北区三幸町201-4	053-482-7227
	障害者就業・生活支援センターひまわり	〒410-0301 沼津市宮本5-2	055-923-7981
	富士障害者就業・生活支援センターチャレンジ	〒417-0847 富士市比奈1481-2	0545-39-2702
	障害者就業・生活支援センターぱれっと	〒426-0066 藤枝市青葉町2-11-1	054-631-7272
	障害者就業・生活支援センターさつき	〒421-1211 静岡市葵区慈悲尾180	054-277-3019
	障害者就業・生活支援センターおおむろ	〒413-0232 伊東市八幡野1259-21	0557-53-5501
	賀茂障害者就業・生活支援センター・わ	〒415-0035 下田市東本郷1-7-21	0538-22-5715
愛知県	豊橋障害者就業・生活支援センター	〒440-0022 豊橋市岩崎町字長尾119-2	0532-69-1323
	知多地域障害者就業・生活支援センターワーク	〒470-2102 知多郡東浦町緒川寿久茂129	0562-34-6669
	なごや障害者就業・生活支援センター	〒462-0825 名古屋市北区大曽根4-7-28 わっぱ共生・共働センター	052-908-1022
	西三河障害者就業・生活支援センター輪輪	〒444-3511 岡崎市舞木町字山中町121	0564-27-8511

都道府県	センター名	住所	電話番号
愛知県	尾張北部障害者就業・生活支援センター ようわ	〒480-0305 春日井市坂下町4-295-1	0568-88-5115
	尾張西部障害者就業・生活支援センター すろーぷ	〒491-0931 一宮市大和町馬引字郷裏42	0586-85-8619
	尾張東部障害者就業・生活支援センター アクト	〒488-0833 尾張旭市東印場町二反田146	0561-54-8677
	西三河北部障がい者就業・生活支援センター	〒471-0066 豊田市栄町1-7-1	0565-36-2120
	海部障害者就業・生活支援センター	〒496-0807 津島市天王通り6-1 六三ビル1階102号室	0567-22-3633
	東三河北部障害者就業・生活支援センター ウィル	〒441-1301 新城市矢部字本並48	0536-24-1314
	尾張中部障害者就業・生活支援センター	〒481-0033 北名古屋市西之保三町地14-2 広瀬ビル1階西	0568-68-6010
	西三河南部西障害者就業・生活支援センター くるくる	〒448-0843 刈谷市新栄町7-73 フラワービル3階	0566-70-8020
三重県	四日市障害者就業・生活支援センター プラウ	〒510-0085 四日市市諏訪町2-2 総合会館3階	059-354-2550
	伊勢志摩障害者就業・生活支援センター ブレス	〒516-0037 伊勢市岩渕2-4-9	0596-20-6525
	鈴鹿亀山障害者就業・生活支援センター あい	〒513-0801 鈴鹿市神戸1-18-18 鈴鹿市役所西館2階	059-381-1035
	伊賀圏域障がい者就業・生活支援センター ジョブサポート ハオ	〒518-0603 名張市西原町2625	0595-65-7710
	障害者就業・生活支援センター そういん	〒511-0061 桑名市寿町1-11	0594-27-7188

都道府県	センター名	住所	電話番号
三重県	松阪・多気地域障害者就業・生活支援センターマーベル	〒515-0812 松阪市船江町1392-3 松阪ショッピングセンター「マーム」1階	0598-50-5569
	津地域障がい者就業・生活支援センターふらっと	〒514-0027 津市大門7-15 津センターパレス3階	059-229-1380
	障がい者就業・生活支援センター結	〒519-3618 尾鷲市栄町5-5	0597-37-4011
滋賀県	障害者雇用・生活支援センター（甲賀）	〒528-8511 甲賀市水口町水口6200	0748-63-5830
	障害者就業・生活支援センター働き・暮らしコトー支援センター	〒522-0054 彦根市西今町87-16 NaSu 8-103	0749-21-2245
	おおつ障害者就業・生活支援センター	〒520-0044 大津市京町3-5-12 森田ビル5階	077-522-5142
	湖西地域障害者就業・生活支援センター	〒520-1632 高島市今津町桜町2-3-11	0740-22-3876
	湖南地域障害者就業・生活支援センター	〒524-0037 守山市梅田町2-1-201 セルバ守山内	077-583-5979
	東近江圏域障害者就業・生活支援センター	〒523-0015 近江八幡市上田町1288-18 前出産業株式会社2階	0748-36-1299
	湖北地域しょうがい者就業・生活支援センター	〒526-0845 長浜市小堀町32-3 ながはまウェルセンター内	0749-64-5130
京都府	京都障害者就業・生活支援センター	〒606-0846 京都市左京区 下鴨北野々神町26 北山ふれあいセンター内	075-702-3725
	障害者就業・生活支援センターはぴねす	〒611-0033 宇治市大久保町北ノ山101-10	0774-41-2661
	障害者就業・生活支援センターわかば	〒624-0913 舞鶴市字上安久140-3	0773-75-2130

都道府県	センター名	住所	電話番号
京都府	しょうがい者就業・生活支援センター「あん」	〒619-0214 木津川市木津駅前1-10	0774-71-0701
	なんたん障害者就業・生活支援センター	〒621-0042 亀岡市千代川町 高野林西ノ畑16-19 総合生活支援センター しょうかえん内	0771-24-2181
	しょうがい者就業・生活支援センター アイリス	〒617-0833 長岡京市神足2-3-1 バンビオ1番館7階701-6	075-952-5180
	障害者就業・生活支援センター こまち	〒629-2503 京丹後市大宮町周枳1-1	0772-68-0005
	しょうがい者就業・生活支援センター はあとふるアイリス	〒601-8047 京都市南区東九条下殿田町70 京都テルサ西館3階	075-682-8911
大阪府	大阪市障害者就業・生活支援センター	〒543-0026 大阪市天王寺区東上町4-17 大阪市立中央授産場内	06-6776-7336
	北河内東障害者就業・生活支援センター 支援センターさくら	〒574-0036 大東市末広町15-6 支援センターさくら内	072-871-0047
	南河内南障害者就業・生活支援センター	〒586-0025 河内長野市昭栄町2-1-101	0721-53-6093
	すいた障害者就業・生活支援センター Suitable	〒564-0031 吹田市元町19-15 丸二ビル102号室	06-6317-3749
	高槻市障害者就業・生活支援センター	〒569-0071 高槻市城北町1-7-16 リーベン城北2階	072-662-4510
	八尾・柏原 障害者就業・生活支援センター	〒581-0853 八尾市楽音寺1-85-1	072-940-1215
	とよなか障害者就業・生活支援センター	〒561-0872 豊中市寺内1-1-10 ローズコミュニティ・緑地 1階	06-4866-7100
	東大阪市障害者就業・生活支援センター J-WAT	〒577-0054 東大阪市高井田元町1-2-13	06-6789-0374

都道府県	センター名	住所	電話番号
大阪府	南河内北障害者就業・生活支援センター	〒583-0856 羽曳野市白鳥3-16-3 セシル古市102号室	072-957-7021
	枚方市障害者就業・生活支援センター	〒573-1187 枚方市磯島元町21-10	090-2064-2188
	寝屋川市障害者就業・生活支援センター	〒572-0855 寝屋川市寝屋南2-14-12 隆光学園真心ハウス	072-822-0502
	泉州中障害者就業・生活支援センター	〒597-0054 貝塚市堤371-1 タケモトビル4階A室	072-422-3322
	茨木・摂津障害者就業・生活支援センター	〒566-0034 摂津市香露園34-1 摂津市障害者総合支援センター内	072-664-0321
	北河内西障害者就業・生活支援センター	〒570-0081 守口市日吉町1-2-12 守口市障害者・高齢者交流会館4階	06-6994-3988
	泉州北障害者就業・生活支援センター	〒594-0071 和泉市府中町1-8-3 和泉ショッピングセンター2階	0725-26-0222
	泉州南障害者就業・生活支援センター	〒598-0062 泉佐野市下瓦屋222-1 泉佐野市立北部市民交流センター本館	072-463-7867
	豊能北障害者就業・生活支援センター	〒562-0015 箕面市稲1-11-2 ふれあい就労支援センター3階	072-723-3818
	堺市障害者就業・生活支援センターエマリス	〒590-0808 堺市堺区旭ヶ丘中町4-3-1 堺市立健康福祉プラザ4階	072-275-8162
兵庫県	加古川障害者就業・生活支援センター	〒675-0002 加古川市山手1-11-10	079-438-8728
	神戸障害者就業・生活支援センター	〒652-0897 神戸市兵庫区駅南通5-1-1	078-672-6480
	西播磨障害者就業・生活支援センター	〒678-0252 赤穂市大津1327 赤穂精華園内	0791-43-2393

都道府県	センター名	住所	電話番号
兵庫県	淡路障害者就業・生活支援センター	〒656-1331 洲本市五色町都志大日707	0799-33-1192
	姫路障害者就業・生活支援センター	〒670-0074 姫路市御立西5-6-26 職業自立センターひめじ内	079-291-6504
	丹波障害者就業・生活支援センター	〒669-2314 篠山市東沢田240-1	079-554-2339
	北播磨障害者就業・生活支援センター	〒673-0534 三木市緑が丘町本町2-3	0794-84-1018
	阪神北障害者就業・生活支援センター	〒664-0858 伊丹市行基町3-16-6 福本ビル1階 ジョブリンク内	072-785-3111
	阪神南障害者就業・生活支援センター	〒659-0051 芦屋市呉川町14-9 芦屋市保健福祉センター1階	0797-22-5085
	但馬障害者就業・生活支援センター	〒668-0044 豊岡市山王町9-2 NTT但馬ビル1階	0796-24-8655
奈良県	なら障害者就業・生活支援センター コンパス	〒630-8115 奈良市大宮町3-5-39 やまと建設第3ビル302号室	0742-32-5512
	なら東和障害者就業・生活支援センター たいよう	〒633-0091 桜井市桜井232 ヤガビル3階302号室	0744-43-4404
	なら西和障害者就業・生活支援センター ライク	〒639-1134 大和郡山市柳2-23-2	0743-85-7702
	なら中和障害者就業・生活支援センター ブリッジ	〒634-0812 橿原市今井町2-9-19	0744-23-7176
	なら南和障害者就業・生活支援センター ハローJOB	〒638-0821 吉野郡大淀町下淵158-9	0747-54-5511
和歌山県	紀南障害者就業・生活支援センター	〒646-0061 田辺市上の山2-23-52	0739-26-8830
	障害者就業・生活支援センター つれもて	〒640-8331 和歌山市美園町5-5-3 麦の郷総合支援センター	073-427-3221

都道府県	センター名	住所	電話番号
和歌山県	紀中障害者就業・生活支援センター わーくねっと	〒644-0013 御坊市湯川町丸山478-1	0738-23-1955
	東牟婁圏域障害者就業・生活支援センター あーち	〒647-0041 新宮市野田1-8	0735-21-7113
	伊都障がい者就業・生活支援センター	〒648-0072 橋本市東家1-3-1 橋本市保健福祉センター内	0736-33-1913
	岩出紀の川障害者就業・生活支援センター フロンティア	〒649-6226 岩出市宮71-1 パストラルビル1階	0736-61-6300
	海草圏域障害者就業・生活支援センター るーと	〒642-0032 海南市名高449	073-483-5152
鳥取県	障害者就業・生活支援センター しらはま	〒689-0201 鳥取市伏野2259-17	0857-59-6060
	障害者就業・生活支援センター くらよし	〒682-0806 倉吉市昭和町1-156	0858-23-8448
	障害者就業・生活支援センター しゅーと	〒683-0064 米子市道笑町2-126-4 稲田地所第5ビル1階	0859-37-2140
島根県	浜田障害者就業・生活支援センター レント	〒697-0027 浜田市殿町75-8	0855-22-4141
	出雲障がい者就業・生活支援センター リーフ	〒693-0002 出雲市今市町875-6 ユメッセしんまち1階	0853-27-9001
	松江障害者就業・生活支援センター ぷらす	〒690-0063 松江市寺町89	0852-60-1870
	益田障がい者就業・生活支援センター エスポア	〒698-0027 益田市あけぼの東町1-9	0856-23-7218
	雲南障がい者就業・生活支援センター アーチ	〒699-1333 雲南市木次町下熊谷1259-1	0854-42-8022
	大田障がい者就業・生活支援センター ジョブ亀の子	〒694-0041 大田市長久町長久口267-6	0854-84-0271

都道府県	センター名	住所	電話番号
島根県	隠岐障がい者就業・生活支援センター太陽	〒685-0021 隠岐郡隠岐の島町岬町中の津四309-1	08512-2-5699
岡山県	岡山障害者就業・生活支援センター	〒701-2155 岡山市北区中原664-1先	086-275-5697
岡山県	倉敷障がい者就業・生活支援センター	〒710-0834 倉敷市笹沖180	086-434-9886
岡山県	津山障害者就業・生活支援センター	〒708-0841 津山市川崎1554	0868-21-8830
広島県	みどりの町障害者就業・生活支援センター	〒729-1322 三原市大和町箱川1470-2	0847-34-1375
広島県	東部地域障害者就業・生活支援センター	〒726-0011 府中市広谷町959-1 福祉交流館パレットせいわ2階	0847-46-2636
広島県	広島中央障害者就業・生活支援センター	〒739-0001 東広島市西条町西条414-31 サポートオフィスQUEST内	082-490-4050
広島県	広島障害者就業・生活支援センター	〒733-0011 広島市西区横川町2-5-6 メゾン寿々屋201号室	082-297-5011
広島県	呉安芸地域障害者就業・生活支援センター	〒737-0051 呉市中央5-12-21 呉市福祉会館2階	0823-25-8870
広島県	広島西障がい者就業・生活支援センターもみじ	〒738-0033 廿日市市串戸5-1-37	0829-34-4717
広島県	備北障害者就業・生活支援センター	〒728-0013 三次市十日市東三丁目14-1 三次市福祉保健センター1階	0824-63-1896
山口県	光栄会障害者就業・生活支援センター	〒755-0072 宇部市中村3-10-44	0836-39-5357
山口県	なごみの里障害者就業・生活支援センター	〒759-6602 下関市大字蒲生野字横田250	080-6336-0270
山口県	鳴滝園障害者就業・生活支援センター	〒753-0212 山口市下小鯖2287-1	083-902-7117

都道府県	センター名	住所	電話番号
山口県	障害者就業・生活支援センター蓮華	〒740-0018 岩国市麻里布町2-3-10-1階	0827-28-0021
	障害者就業・生活支援センターワークス周南	〒745-0811 周南市五月町6-25	0834-33-8220
	ふたば園就業・生活支援センター	〒758-0025 萩市土原565-5	0838-21-7066
徳島県	障害者就業・生活支援センターわーくわく	〒771-0214 板野郡松茂町満穂字満穂開拓50-5	088-699-7523
	障害者就業・生活支援センターはくあい	〒778-0020 三好市池田町州津滝端1271-7	0883-72-2444
	障害者就業・生活支援センターよりそい	〒779-1235 阿南市那賀川町原260-1	0884-49-5817
香川県	障害者就業・生活支援センター共生	〒769-2702 東かがわ市松原1331-5	0879-24-3701
	障害者就業・生活支援センターオリーブ	〒761-8042 高松市御厩町546-1	087-816-4649
	障害者就業・生活支援センターくばら	〒763-0073 丸亀市柞原町185-1	0877-64-6010
	障害者就業・生活支援センターつばさ	〒768-0014 観音寺市流岡町750-1	0875-24-8266
愛媛県	えひめ障害者就業・生活支援センター	〒790-0843 松山市道後町2-12-11 愛媛県身体障害者福祉センター内	089-917-8516
	障害者就業・生活支援センターあみ	〒794-0028 今治市北宝来町2-2-12	0898-34-8811
	南予圏域障害者就業・生活支援センターきら	〒798-0039 宇和島市大宮町3-2-10	0895-22-0377

都道府県	センター名	住所	電話番号
愛媛県	障害者就業・生活支援センター エール	〒792-0013 新居浜市泉池町8-40	0897-32-5630
	八幡浜・大洲圏域障がい者就業・生活支援センター ねっとWorkジョイ	〒796-0015 西予市宇和町卯之町5-234	0894-69-1582
	障害者就業・生活支援センター ジョブあしすとUMA	〒799-0405 四国中央市三島中央3-13-12 サンハイツ三島中央1階	0896-23-6558
高知県	障害者就業・生活支援センター ラポール	〒787-0013 四万十市右山天神町201	0880-34-6673
	高知障害者就業・生活支援センター シャイン	〒780-0935 高知市旭町2-21-6	088-822-7119
	障害者就業・生活支援センター ゆうあい	〒783-0005 南国市大埇乙2305	088-854-9111
	障害者就業・生活支援センター ポラリス	〒784-0027 安芸市宝永町464-1	0887-34-3739
	障害者就業・生活支援センター きりま	〒785-0059 須崎市桐間西46	0889-40-3988
福岡県	北九州障害者就業・生活支援センター	〒804-0067 北九州市戸畑区汐井町1-6 ウェルとばた2階	093-871-0030
	障害者就業・生活支援センター デュナミス	〒834-0055 八女市鵜池269-1-102	0943-58-0113
	福岡県央障害者就業・生活支援センター	〒822-0024 直方市須崎町16-19	0949-22-3645
	障害者就業・生活支援センター 野の花	〒819-0006 福岡市西区 姪浜駅南2丁目8-15	092-885-9987
	障害者就業・生活支援センター じゃんぷ	〒825-0004 田川市大字夏吉4205-3	0947-23-1150

都道府県	センター名	住所	電話番号
福岡県	障害者就業・生活支援センター ほっとかん	〒836-0041 大牟田市新栄町16-11-1	0944-57-7161
	障害者就業・生活支援センター ちどり	〒811-3101 古賀市天神1丁目2-36-103	092-940-1212
	障害者就業・生活支援センター ちくし	〒816-0811 春日市春日公園5-16 コーポ220-1-1	092-592-7789
	障害者就業・生活支援センター はまゆう	〒811-3431 宗像市田熊5-5-1	0940-34-8200
	障害者就業・生活支援センター ちくぜん	〒838-0214 朝倉郡筑前町東小田3539-10	0946-42-6801
	障害者就業・生活支援センター ぽるて	〒830-0033 久留米市天神101-1 Mビル1階	0942-65-8367
	障害者就業・生活支援センター BASARA	〒820-0040 飯塚市吉原町6-1 あいタウン4階	0948-23-5560
	障害者就業・生活支援センター エール	〒824-0036 行橋市南泉2-50-1	0930-25-7511
佐賀県	たちばな会 障害者就業・生活支援センター	〒849-1422 嬉野市塩田町大字五町田甲2147 第一たちばな学園内	0954-66-9093
	社会福祉法人若楠 障害者就業・生活支援センター もしもしネット	〒841-0005 鳥栖市弥生が丘2-134-1	0942-87-8976
	障害者就業・生活支援センター ワーカーズ・佐賀	〒849-0937 佐賀市鍋島3-3-20	0952-36-9081
	障害者就業・生活支援センター RuRi	〒848-0035 伊万里市二里町大里乙3609	0955-22-6600
長崎県	長崎障害者就業・生活支援センター	〒854-0022 諫早市幸町2-18	0957-35-4887

都道府県	センター名	住所	電話番号
長崎県	長崎県北地域 障害者就業・ 生活支援センター	〒857-0854 佐世保市福石町5-11 浦川ビル1階	0956-76-8225
	障害者就業・ 生活支援センター ながさき	〒852-8555 長崎市茂里町3-24 長崎県総合福祉センター3階	095-865-9790
	県南障害者就業・ 生活支援センター ぱれっと	〒855-0042 島原市片町578-8	0957-73-9560
熊本県	熊本障害者就業・ 生活支援センター	〒862-0959 熊本市中央区白山2-1-1 白山堂ビル104号室	096-288-0500
	熊本県南部 障害者就業・ 生活支援センター 結	〒866-0898 八代市古閑中町3036	0965-35-3313
	熊本県北部 障害者就業・ 生活支援センター がまだす	〒861-1331 菊池市隈府469-10 総合センターコムサール2階	0968-25-1899
	熊本県有明障害者就業・ 生活支援センター きずな	〒865-0064 玉名市中46-4	0968-71-0071
	熊本県天草障害者就業・ 生活支援センター	〒863-0013 天草市今釜新町3667	0969-66-9866
	熊本県芦北・球磨 障害者就業・ 生活支援センター みなよし	〒867-0043 水俣市大黒町2-3-18	0966-84-9024
大分県	障害者就業・ 生活支援センター 大分プラザ	〒870-0839 大分市金池南1-9-5 博愛会地域総合支援センター内	097-574-8668
	障害者就業・ 生活支援センター サポートネットすまいる	〒879-0471 宇佐市大字四日市1574-1	0978-32-1154
	障害者就業・ 生活支援センター はぎの	〒877-0012 日田市淡窓1-53-5	0973-24-2451
	豊肥地区就業・ 生活支援センター つばさ	〒879-7111 豊後大野市三重町赤嶺1927-1	0974-22-0313

都道府県	センター名	住所	電話番号
大分県	障害者就業・支援センターたいよう	〒874-0011 別府市大字内竃1393-2	0977-66-0080
	障害者就業・生活支援センターじゃんぷ	〒876-0844 佐伯市向島1-3-8 佐伯市保健福祉総合センター和楽1階	0972-28-5570
宮崎県	みやざき障害者就業・生活支援センター	〒880-0930 宮崎市花山手東3-25-2 宮崎市総合福祉保健センター内	0985-63-1337
	のべおか障害者就業・生活支援センター	〒882-0836 延岡市恒富町3-6-5	0982-20-5283
	こばやし障害者就業・生活支援センター	〒886-0008 小林市本町32	0984-22-2539
	みやこのじょう障害者就業・生活支援センター	〒885-0071 都城市中町1-7 IT産業ビル1階	0986-22-9991
	ひゅうが障害者就業・生活支援センター	〒883-0021 日向市大字財光寺515-1	0982-57-3007
	にちなん障害者就業・生活支援センター	〒887-0021 日南市中央通2-5-10	0987-22-2786
	たかなべ障害者就業・生活支援センター	〒884-0002 児湯郡高鍋町大字北高鍋1091-1 高鍋電化センタービル1階	0983-32-0035
鹿児島県	かごしま障害者就業・生活支援センター	〒892-0838 鹿児島市新屋敷町16-217 鹿児島県住宅供給公社ビルC棟2階217号室	099-248-9461
	おおすみ障害者就業・生活支援センター	〒893-0006 鹿屋市向江町29-2 鹿屋市社会福祉会館内	0994-35-0811
	あいらいさ障害者就業・生活支援センター	〒899-4332 霧島市国分中央1-3-9 馬場ビル1階	0995-57-5678
	あまみ障害者就業・生活支援センター	〒894-0036 奄美市名瀬長浜町5-6 奄美市社会福祉センター内	0997-69-3673

都道府県	センター名	住所	電話番号
鹿児島県	なんさつ障害者就業・生活支援センター	〒897-0302 南九州市知覧町郡135	0993-58-7020
	ほくさつ障害者就業・生活支援センター	〒895-0027 薩摩川内市西向田町11-26	0996-29-5022
	くまげ障害者就業・生活支援センター	〒891-3604 熊毛郡中種子町野間5297-15	0997-27-0211
沖縄県	障害者就業・生活支援センター ティーダ&チムチム	〒905-0009 名護市宇茂佐の森1-17-8 calm宇茂佐105号室	0980-54-8181
	中部地区障害者就業・生活支援センター	〒904-0033 沖縄市山里2-1-1	098-931-1716
	南部地区障がい者就業・生活支援センター かるにあ	〒901-2102 浦添市前田1004-9-2階	098-871-3456
	障害者就業・生活支援センター みやこ	〒906-0013 宮古島市平良字下里1202-8-1階	0980-79-0451
	八重山地区障害者就業・生活支援センター どりいむ	〒907-0002 石垣市真栄里97-4 コンフォート真栄里1階	0980-87-0761

出典：厚生労働省ウェブサイト（http://www.mhlw.go.jp/file/06-Seisakujouhou-11600000-Shokugyouanteikyoku/0000100945.pdf）。

おわりに

　地域社会で尊厳をもって生活をする上で、欠かせないのが働くということです。しかし、厚生労働省の統計によれば、現在、障害のある人のうち、従業員50人以上の民間企業及び公的機関で雇用されているのは、約50万人だそうです。これは、全国におよそ788万人いる障害のある人のうちの約6％にすぎません。あくまで、子どもや高齢者も含む障害のある人全体に対する割合ですが、あまりにも少ないといわざるを得ません

　確かに、障害のある人を雇用するためには、受け入れる企業の側が、ある程度の体制作りをする必要があります。逆風が吹き荒れている経営環境で、障害のある人を雇い入れることに心理的な抵抗を感じることも、わからないではありません。

　しかし、障害のある従業員が働きやすい企業は、障害のない従業員にとっても、働きやすい企業である、ということを知ってほしいと思います。トップが障害のある人にも活躍の場を与えようと努力すると、その姿勢を見て他の従業員も企業に信頼を寄せるようになる。障害のある従業員が働く姿に刺激も受ける。そうして社内が1つにまとまり、自然と助け合う風土が根づく。実際にそんな前向きな循環を生み出している企業が、少なからずあります。

　そのような好循環を生み出している企業のノウハウを1冊に詰め込んだのが、この『今日からできる障害者雇用』です。

　ところで、障害者雇用は、よく福祉やCSRの文脈で語られることが多いように思います。多くの企業は、まだ、障害者雇用の本当の価値に気づいていないのかもしれません。

企業の人事担当者と話していると、時々、「障害のある従業員はSOSを出すのが苦手なんです」という言葉を聞きます。何でも自分で背負い込んで、結局どうにもならなくなって潰れてしまう。そういうことが少なくないそうです。

　確かに、障害のある従業員から、大事に至る前に、積極的に周囲の従業員とコミュニケーションを図らなければいけないケースはあるでしょう。でも、これは、日本の多くの企業がもっている、他の従業員に助けを求めることや迷惑をかけることをためらう風土、失敗を許さない不寛容さからくる問題でもあります。

　これまで、日本の企業では、割り振られた仕事をきちんと自分でこなし、求められる成果をあげる人がいい社員でした。また、仕事でミスをした社員を上司が大勢の前で怒鳴りつけるなど、失敗に対して不寛容なところがありました。その結果、多くの職場で、メンタルに不調を感じる従業員が後を絶たないのは、ご存じの通りです。

　でも、障害者雇用はそれではうまくいきません。障害者雇用を成功させるためには、従業員同士がときにはお互いに迷惑をかけ合い、それでも支え・支えられることができる風土、失敗も成功も従業員がともにわかち合う風土が不可欠なのです。障害のある人を雇うということは、企業が、従業員同士のつながりの大切さと失敗に対する寛容さを再認識し、どんな立場の従業員にとっても働きやすい組織に脱皮するチャンスなのかもしれません。

　いうまでもないことですが、障害の有無にかかわらず、何でも1人で完璧にこなせる人などいません。組織で働く上で本当に大切なのは、自分で何でもできることではなく、心を開いて人とつながることなのです。障害者雇用は、私たちにそれを気づかせてくれます。

　障害のある人の社会参加を考えるとき、野球のメジャーリーグが

思い浮かびます。20年ほどまでは、メジャーリーグでは日本人選手は太刀打ちできないと思われていました。しかし、1995年に野茂英雄投手がメジャーリーグに挑戦して活躍したことをきっかけに、次々と日本人選手が海を渡るようになり、イチロー選手や田中将大投手など、多くの選手がチームの中心になっています。

　本当は、日本人選手の実力は、野茂英雄投手がアメリカに行くかなり前から、メジャーリーグで活躍する水準に達していたのではないでしょうか。でも、ほとんどの人がそうは思わなかったから、実現しなかったのかもしれません。企業と障害のある人との関係は、野茂英雄投手が渡米する前のメジャーリーグと日本球界のようなもので、企業は、障害のある人の実力をまだよくわかっていないし、障害のある人は、自分の実力では「メジャー」では太刀打ちできないと思ってしまっている、というように感じるのです。

　でも、間違いなく、日本の障害のある人の多くは、企業の中で障害のない人とともに働く実力をもっています。だから、企業は、障害のある挑戦者たちにチャンスを与えていただきたいし、障害のある人は、勇気を出して一歩を踏み出してほしいと思うのです。

　人は、どうしても失ったものの大きさに目を奪われて、まだ手元にどれだけ多くの可能性が残されているのかを忘れてしまいがちです。でもその可能性を開花させることができれば、その人自身がパイオニアとなり、障害のある人に対する社会の意識も変わっていくはずです。障害者雇用には、障害のある人に対する社会の意識を変える大きな力があるのです。

　本書では、障害のある人を雇用する上で企業が直面する多くの問題をできるだけ網羅し、可能な限りその打開策や解決のヒントをお伝えするように心がけました。ですが、もちろんこれですべての問

題に対応できるはずはありません。何か問題が起こり、どうしたらよいのかわからなくなったとき、思い出していただきたいことが1つあります。

　それは、対話こそが、すべてを開く鍵だということです。

　子どもの頃、友人と砂山の両端から穴を掘り始め、2人で小さなトンネルを貫通させるという遊びをしたことがあります。障害者雇用も、何となく、この砂山遊びに似ているように思うのです。これまで、日本社会の中には、障害のある人と障害のない人の間に大きな「砂山」が横たわっていました。この「砂山」にトンネルを掘るためには、障害のある人と障害のない人のどちらかだけががんばってもダメで、両方から少しずつ穴を掘り進めなければいけないのだと思います。そして、掘り進めるための最も有効な道具は、対話です。

　最初のうちはいろいろな摩擦があるでしょう。でも、きっとトンネルの向こうには、これまで見たことのない新たな地平が開けているはずです。それは、企業の生産性の向上かもしれないし、従業員1人ひとりが尊重される風通しのよい職場かもしれないし、多様性に対して寛容な企業風土かもしれません。

　以前、「心はどこにあるのか」という話を聞いたことがあります。その話をしてくれたのはある精神科医だったのですが、彼は、「心とは、もともと体のどこかにあるのではなく、あなたが誰かのことを思ったときに、あなたとその相手の間に生じる作用なのだ」といっていました。

　まず話してみる、そして相手のことを少し思いやってみる。すると、皆さんと障害のある人との間に1つ心が生まれる。そんなふうにして、少しずつ企業が変わり、皆さんの心が豊かになっていく。本書がそのような好循環のきっかけになれば幸いです。

最後に改めて、本書を手に取ってくださった皆さんに、心から感謝申し上げます。

　2015年12月

　　　　　　　　　　　　　　　執筆者を代表して　　大胡田 誠

執筆者紹介（執筆順）

東 奈央（あずま・なお）

「はじめに」、第1章Q1、Q2、第2章Q1、Q2、Q3、Q6、Q7、第7章5、7、9、「附録」執筆

現 在
　つぐみ法律事務所、弁護士（大阪弁護士会所属）

略 歴
　2002年静岡大学情報学部情報社会学科卒業。2008年に弁護士登録し、マザーシップ法律事務所入所（第二東京弁護士会所属）。2011年大阪弁護士会に移籍。大阪アドボカシー法律事務所を経て、2015年より現職。一般民事事件や離婚などの家事事件と並行して、知的障害のある人や精神障害のある人の刑事事件や権利擁護活動にも力を入れており、困難なケースに対しても、粘り強く取り組むことを心がけている。また、大阪弁護士会高齢者・障害者総合支援センター運営委員会委員なども務めている。
　主な著作に、『障がい者差別よ、さようなら！』（分担執筆）（生活書院、2014年）がある。

読者の皆さんへのメッセージ
　障害者雇用を実践している企業や支援をされている方と話すと、皆さんとてもいきいきとされていて、励みになります。私自身も、さまざまな障害のある人と一緒に仕事をさせていただくことがありますが、1人では気づかなかった視点に出会えることは喜びでもあります。障害者雇用が、お互いにとってよい形で積み重ねられるといいですね。

柳原 由以（やなぎはら・ゆい）

章扉、第3章Q6、第4章Q1、Q2、Q3、Q4、Q5、
第6章1、第7章8、10、11執筆

現 在
　東京アドヴォカシー法律事務所、弁護士（東京弁護士会所属）
略 歴
　2009年早稲田大学大学院法務研究科修了。2010年に弁護士登録し、2011年より現職。一般民事事件や、相続や離婚などの家事事件、刑事事件に従事する他、性同一性障害のある男性が法律上も父親となるための訴訟、成年被後見人の選挙権回復訴訟、障害のある子どもに対する学校内での虐待事件、精神科病院での患者に対する暴行事件など、障害のある人の事件にも多くかかわる。また、日本弁護士連合会障害のある人に対する差別を禁止する法律に関する特別部会委員なども務めている。
　主な著作に、『障がい者差別よ、さようなら！』（分担執筆）（生活書院、2014年）がある。
読者の皆さんへのメッセージ
　私自身、弁護士になるまでは障害のある人にどう接したらいいのかわからずにいました。しかし、弁護士になって相談を受けてみると、障害のある人の「言えない、言ってわかってもらえない」、会社の「障害がわからない、聞きづらい」という相互のすれ違い・遠慮が、トラブルの原因になっているという事案に多く接しました。障害について尋ねやすく、伝えやすい職場を作ることが、双方にとってよい結果を生みます。本書が、御社の障害者雇用を進める手助けになれば、大変うれしく思います。

川地 政明（かわち・まさあき）

第1章Q3、Q4、Q5、Q6、Q8執筆

現　在
　株式会社小松製作所人事部ビジネスクリエーションセンタ主幹
略　歴
　1974年早稲田大学政治経済学部経済学科卒業後、株式会社小松製作所入社。小山工場、本社人事部、海外事業本部、コマツ物流株式会社、コマツキャステックス株式会社、本社人事部とキャリアを重ねる。2011年人事部ビジネスクリエーションセンタ所長を経て、2012年より現職。障害者雇用の担当として、ハローワークなどとの対外的なやり取りや、国内のグループ各社の障害者雇用のサポートを担当している。また、国内の障害者雇用に関する他社の動向調査などの情報収集の役割も担っている。

読者の皆さんへのメッセージ
　実際に障害者雇用を担当してみて驚いたことは、業界に関係なく、他社の方々がほぼ例外なく、自社の障害者雇用の実情を、何も隠すことなく親切に教えてくださるということです。読者の皆さんも、障害者雇用について何か悩んでいることがあれば、思い切って他社に聞いてみることが1つの打開策かもしれません。

関哉 直人（せきや・なおと）**編著者**

第1章Q6、第5章Q1、Q2、Q3、Q7、
第6章3、4、第7章1、6執筆
（編著者紹介参照）

堀江 美里（ほりえ・みさと）

第1章Q7、第2章Q5、Q6、第5章Q1、Q4、Q5、Q6、Q8、第6章6、7執筆

現　在
　特定非営利活動法人WEL'S新木場副理事長、就業・生活支援センターWEL'S TOKYOセンター長

略　歴
　1990年東京女子体育大学体育学部体育学科卒業後、私立学校などの教員を経て、1993年中野区障害者福祉事業団入職。庶務経理担当、事業主任兼主任就労支援員として勤務。2004年中野区障害者福祉事業団在職中に、特定非営利活動法人WEL'S新木場を設立し、2007年より現職。企業内授産事業、障害者就業・生活支援センター事業、ジョブコーチ事業、委託訓練事業、障害者就労促進に関する調査研究事業を行う中で、障害者雇用に関する企業の不安と、就職をしたいという障害のある人の不安を、相互に取り除くことを心がけている。

　主な著作に、『障害者の雇用・就労をすすめるジョブコーチハンドブック』（分担執筆）（エンパワメント研究所、2012年）がある。

読者の皆さんへのメッセージ
　私自身、従業員20名強のNPO法人を運営しています。障害者雇用をサポートする事業の経験から得た、人材の最適配置の考え方である比較優位の原則や多様性といった経営学の知識を具体化するノウハウは、とても役立っています。障害者雇用は、ご自身と職場のマネージメント力アップにもつながります。是非、楽しみながら取り組んでいただけるとうれしいです。また、そうした動きが、誰もが生きやすい世の中につながるとも確信しています。

大胡田 誠（おおごだ・まこと）**編著者**

第2章Q4、第3章Q5、Q7、Q8、
第6章2、5、第7章3、4、「おわりに」執筆
（編著者紹介参照）

青木 志帆（あおき・しほ）

第3章Q1、Q2執筆

現　在
　明石市福祉部福祉総務課障害者・高齢者支援担当課長、弁護士（兵庫県弁護士会所属）
略　歴
　2006年同志社大学大学院司法研究科法務専攻修了。2009年に弁護士登録し、尼崎あおぞら法律事務所を経て、2015年より現職。障害者・高齢者支援担当として、虐待対応、成年後見人申立のアドバイスから、触法障害者・高齢者支援など、明石市内の障害のある人や高齢の人などの福祉的な法律問題の解決にかかわる。また、「障害者差別解消条例（仮称）」制定の事務局担当として条例案を作成。「弁護士と市民との距離の遠さ」を少しでも縮めるべく、「市役所の人、時々、弁護士」を心がけている。
　主な著作に、わたしのフクシ「Nothing about us, without us!」（ウェブ連載、2012年）(http://watashinofukushi.com/?cat=24)、『障がい者差別よ、さようなら』（分担執筆）（生活書院、2014年）がある。
読者の皆さんへのメッセージ
　合理的配慮、と言ってしまうと小難しすぎますが、要するに、「ちょっと具合が悪くなっても、みんなで働くための『工夫』」です。人は誰でも年老いていきますし、2人に1人はがんになる時代です。障害者雇用は、そうした身体の変化とともに、いつ今まで通り働けなくなってしまうかわからないすべての人への『工夫』を考えることに、つながるでしょう。

長岡 健太郎（ながおか・けんたろう）

第3章Q3、Q4、Q9、第7章2執筆

現在
　パークアベニュー法律事務所、弁護士（和歌山弁護士会所属）
略歴
　2005年大阪大学法学部法学科卒業。2007年に弁護士登録し、現職。借金問題や交通事故などの民事事件、相続や離婚などの家事事件に取り組む他、高齢の人や障害のある人からの相談を多く扱っている。依頼者の話をよく聞くこと、その上で、トラブルの解決に向けた道筋をわかりやすく示せるようにすることを心がけている。また、日本弁護士連合会障害のある人に対する差別を禁止する法律に関する特別部会委員、和歌山弁護士会高齢者・障害者支援センター運営委員会副委員長なども務めている。
　主な著作に、『障害者の介護保障訴訟とは何か！』（共著）（現代書館、2013年）、『障がい者差別よ、さようなら！』（分担執筆）（生活書院、2014年）がある。
読者の皆さんへのメッセージ
　障害者雇用を始めるといっても、「何か難しいことをする」と構える必要はありません。社会にはいろいろな人がいて、その中には障害のある人や難病をもつ人もいる、ということです。その人たちとよく話し、どんな配慮や工夫があれば働きやすくなるかを一緒に考えることで、障害があっても働きやすい職場になるでしょう。そのような職場は、障害のない人にとっても働きやすいはずです。本書が、誰もが働きやすい職場づくりのための手助けになれば、うれしいです。

編著者紹介

大胡田 誠（おおごだ・まこと）

現　在
　つくし総合法律事務所、弁護士（第一東京弁護士会所属）

略　歴
　2006年慶應義塾大学大学院法務研究科修了。2007年に弁護士登録し、日本で3人目の全盲の弁護士となる。渋谷シビック法律事務所を経て、2013年より現職。相続や離婚をはじめとする家事事件や交通事故、消費者事件など、町医者的な弁護士業務の傍ら、全国各地で障害のある人の人権や夢を叶えるヒントなどをテーマにした講演活動を行っている。「依頼者に希望を、社会に光を届ける、明るく愉快な全盲弁護士」をモットーとしている。

　主な著作に、自身の半生をつづった『全盲の僕が弁護士になった理由』（日経BP社、2012年）があり、2014年12月にTBS系列にて「全盲の僕が弁護士になった理由」として松坂桃李さん主演でドラマ化された。他にも、『高年齢者雇用安定法と企業の対応』（分担執筆）（労働調査会、2012年）などがある。

読者の皆さんへのメッセージ
　アメリカの社会学者であるリチャード・フロリダは、「人材」、「技術力」と並び、「多様性に対する寛容さ」がイノベーションの鍵だと説きます。障害のある人を採用することは、皆さんの会社の「多様性に対する寛容さ」を再点検するきっかけとなるはずです。皆さんも、障害者雇用を通じて、社員同士で喜びも失敗もともに分かち合える、社員に優しいクリエイティブな会社を目指しませんか。

関哉 直人（せきや・なおと）

現 在
　五百蔵洋一法律事務所、弁護士（第二東京弁護士会所属）

略 歴
　2000年名古屋大学法学部法律学科卒業。2001年に弁護士登録し、現職。さまざまな業務に加え、障害のある人の権利擁護について継続的に取り組んでいる。現場の方々と意識を共有して、障害のある人も住みやすい社会にすることを目指して弁護士活動を行っている。
　主な著作に、『精神保健福祉の法律相談ハンドブック』（分担執筆）（新日本法規出版、2014年）、「『親なき後』に対処するための法律・制度」実践成年後見No.22（民事法研究会、2007年）がある。

読者の皆さんへのメッセージ
　障害者雇用の中で一番求められる配慮は、安心や優しさではないかと思います。安心でき、かつ、やりがいをもって働くことのできる職場づくりにご尽力いただけると幸いです。

◎ **本書のテキストデータを提供いたします**
　本書をご購入いただいた方のうち、視覚障害、肢体不自由などの理由により、書字へのアクセスが困難な方に、本書のテキストデータなどを提供いたします。

【メール添付での提供を希望される場合】
①お名前・ご住所・電話番号・メールアドレスを明記した用紙と、②本ページ左下の引換券（コピー不可）を同封の上、下記の宛先までお申し込みください。

【メディアへの収録による提供を希望される場合】
①お名前・ご住所・電話番号を明記した用紙と、②本ページ左下の引換券（コピー不可）、③テキストデータ収録を希望されるメディア（CD-RもしくはUSBメモリ）、④205円分の返送用切手を同封の上、下記の宛先までお申し込みください。

◎ **宛　先**
〒101-0062
東京都千代田区神田駿河台1-7
株式会社 弘文堂『今日からできる障害者雇用』テキストデータ係

※上記テキストデータなどにかかる本書の内容の利用・複製は、視覚障害、肢体不自由などの理由により、書字へのアクセスが困難な方に限ります。また、内容の改変、流用、転載、その他営利を目的とした利用を禁じます。

［引換券］
今日からできる
障害者雇用

今日からできる障害者雇用

2016（平成28）年2月29日　　初版1刷発行

編著者　大胡田誠・関哉直人

発行者　鯉渕友南

発行所　株式会社 弘文堂　101-0062　東京都千代田区神田駿河台1-7
　　　　　　　　　　　　　TEL 03（3294）4801　振替 00120-6-53909
　　　　　　　　　　　　　http://www.koubundou.co.jp

ブックデザイン　内川たくや

DTP　NOAH

印　刷　三報社印刷

製　本　牧製本印刷

©2016 Makoto Oogoda & Naoto Sekiya et al.
　Printed in Japan

JCOPY 〈(社)出版者著作権管理機構 委託出版物〉

本書の無断複写は、著作権法上での例外を除き禁じられています。複写される場合は、その都度事前に、(社)出版者著作権管理機構（電話：03-3513-6969、FAX：03-3513-6979、e-mail：info@jcopy.or.jp）の許諾を得てください。また本書を代行業者等の第三者に依頼してスキャンやデジタル化することは、たとえ個人や家庭内での利用であっても一切認められておりません。

ISBN 978-4-335-35658-2